신영식의 약자를 위한
마케팅 사용설명서

MARKETING USER'S GUIDE

신영식 지음

신영식의 약자를 위한
마케팅
사용설명서

추천사

마케팅이라는 도구를 잘 사용할 수 있게 도와주는 책!

– 박항기, 메타브랜딩 CBO·사장

    1994년에 창업하여 브랜딩 분야에서만 28년째 사업을 하며 많은 마케터를 만나왔습니다. 대략 5,000명은 되는 것 같습니다. 그중 최고를 단 한 명만 뽑으라면 저는 신영식 박사님을 뽑을 겁니다. 신영식 박사님을 처음 뵌 것은 2014년 쌍용자동차 프로젝트에서였습니다. 프로젝트를 수행하며 당시 CMO였던 신영식 전무님의 인사이트에 감동받아 종료 후 개별적인 만남을 가지게 되었습니다.

    사석에서 뵌 신영식 박사님은 경영학 박사에다 CMO 경력만 20년이 넘는 최고수였습니다. 저는 하나의 브랜드만 히트 친 분은 실력자로 인정하지 않습니다. 브랜드는 운으로 뜨기도 하니까요. 그래서 항상 2개 이상 히트를 친 기록이 있는지 살펴봅니다. 그런데 신영식 박사님은 히트 브랜드가 정말 많았고 이직한 곳마다 뭔가 큰 변화와 업적을 이루었습니다. 그리고 제가 이해 안 되던 마케팅과 브랜딩 분야를 여쭤볼 때마다 아주 쉽고 정확하게 이론과 실전을 섞어서 대답해주었습니다. 그날 이후로 저는 신영식 박사님의 제자가 되었습니다.

그렇게 몇 년의 만남을 이어가던 중 이런 이야기를 혼자만 듣는 것이 너무 아깝다는 생각이 들어 책을 써보면 어떻겠냐고 말씀드렸습니다. 처음엔 사양하시다가 제가 계속 졸라서 이 책이 나오게 된 것입니다.

우선 이 책은 마케팅 초보자를 위한 것은 아닙니다. 최소 마케팅 실무를 5년 이상 한 분들이 보았으면 합니다. 특히 CMO분들이 보면 정말 큰 도움이 될 겁니다. 당연히 경영자분들도 보아야 합니다. 마케팅 현장에서 치열하게 고민한 분이라면 이 책을 보는 순간 눈이 트이는 경험을 하게 될 겁니다. 책 출간 후 정말 마케팅을 사랑하고 제대로 된 마케터가 되고 싶은 분들을 위한 강좌나 모임을 정기적으로 열 계획입니다. 책이라는 지면의 특수성과 대중공개라는 제약으로 못 다한 이야기는 비공개 교육 프로그램으로 풀어낼 계획도 가지고 있습니다.

누구나 마케팅과 브랜딩을 얘기하는 시대입니다. 그러나 본질을 얘기하는 사람은 정말 드뭅니다. 이 책은 한 분야에서 30년 넘게, 그것도 CMO만 25년을 지낸 실전 노장의 마케팅 노하우를 전해주고 있습니다. 이 시대의 마케터라면 한 권씩 소장하고 실천해야 할 필독서임에 틀림없습니다. 제 경력과 이름을 걸고 강추합니다.

끝으로 이 책은 사전 리뷰단을 구성해 정기적 모임을 하며 예비 독자들의 의견을 반영하였습니다. 열정적으로 비판해주고 사례도 찾아준 강유림 님, 권순철 님, 김윤경 님, 목승철 님, 박수진 님, 박혜영 님, 방보훈 님, 이정원 님, 임은경 님께 깊은 감사를 드립니다.

서문

강자의 룰을 무너뜨릴 마케팅을 준비하자

경기 내내 밀리던 선수의 역전승은 관중을 열광시킵니다. 하지만 이런 짜릿한 약자의 반란이 흔치 않은 것이 비즈니스 세상입니다. 1등을 따라 해도 1등이 못 되고 과거의 성공 공식도 더 이상 작동하지 않습니다. 밤을 새워 궁리하고 죽도록 뛰어다니는데도 잘 안 됩니다. 그냥 약자일 뿐인 세상의 많은 우리에게 승리의 기회는 없는 것일까요?

약자가 약자의 자리를 벗어나지 못하는 이유는 약자의 의미를 정확히 이해하지 못하기 때문입니다. 자신이 부족하다고 생각하고 강자가 강하다고 생각하는 한 약자는 영원히 약자입니다. 약하다는 것은 상대적인 개념이며 상황적인 판단입니다. 시장의 약자라는 것은 자신이 상대적으로 조금 불편한 위치에 있다는 의미일 뿐입니다. 약자란 강자가 지배하는 게임의 룰로 볼 때 약하고 강자 쪽으로 기울어진 운동장에 서 있기 때문에 불리하다는 의미입니다. 하지만 약자도 게임의 룰을 거부하고 경기장을 옮긴다면 강자로 새로 태어날 수 있습니다.

제2차 세계대전 패전국 이탈리아의 비토리오 데 시카Vitorio De Sica 감독은 부서진 도시 한복판에서 배우 경험도 없는 도시노동자와 신문팔이 소년과 함께 영화 「자전거 도둑」을 찍었습니다. 멋지고 화려한 세트, 천문학적인 개런티를 받는 유명 배우, 그리고 동화 같은 삶을 주제로 해야 한다는 할리우드 영화의 성공 공식을 다 부정했습니다. 하지만 이 영화는 세계적인 걸작의 반열에 올랐습니다. 촬영 장비도 부족하고 세트장도 다 파괴된 패전국 영화감독의 승부수는 자신들이 처한 환경이라는 약점이었습니다. 전후의 피폐한 도시를 배경으로 설정하니 전 국토가 훌륭한 촬영 세트가 되었고 가난한 노동자 가족의 이야기를 주제로 잡으니 전 국민이 캐스팅 대상이 된 것입니다. 세계 영화사의 한 획을 그은 이탈리아 네오리얼리즘 영화의 성공 스토리는 비즈니스 현장의 약자들에게 강한 메타포를 선사합니다. 자신의 약점을 강점으로 활용한 이탈리아 영화감독들의 용기와 창의성에 약자의 성공전략이 들어 있습니다.

마케팅은 구체적인 성과를 지향할 때 존재의 의미가 있습니다. 아는 척하기는 쉽지만 내 손으로 성과를 만들기 어려운 게 마케팅입니다. 하지만 불리한 싸움을 해야 하는 세상의 약자들에게 도움을 줄 수 있는 강력한 전략 수단이기도 합니다. 비즈니스 전쟁의 승자를 꿈꾸는 마케팅 전사라면 싸우기도 전에 자신을 약자라고 규정짓는 대신 강자의 룰을 무너뜨릴 마케팅을 준비해야 합니다. 전사의 마케팅은 자기계발서나 처세서의 제목이 아니라 실전적인 싸움의 기술이자 승리의 원칙으로서의 마케팅이라야 합니다. 마케팅은 현장의 사례가 이론으로 발전하고 그 이론이 현장에 적용되면서 진화해 나갑니다. 그래서 강한 마케터가 되려면 경험과 지식은 물론 현장 실행력을 갖추기 위해 끊임없이 노력해야 합니다. 그리고 그 쌓인 힘으로 승리해야 합니다. 승자 독식의 비즈니스 전쟁에 '졌지만 잘 싸운' 싸움은 없습니다. 조금 어렵더라도 이론을 익혀야 하고 힘들더라도 현장을 누벼야 하는 이유가 여기에 있습니다. 작은 성공과 일시적인 찬사에 취해 자만에 빠지면 안 됩니다. 칭찬이 고래를 춤추게 할지는 몰라도 승리를 가져다주지는 않습니다.

이 책을 통해 저는 강자와의 싸움에 당당하게 임할 수 있는 도구로서의 실전 마케팅 논의를 하려 합니다. 저의 이야기는 고정된 패러다임에 대한 비판으로 시작하여 강한 마케터가 되기 위한 마케팅 원칙과 약자를 위한 마케팅 전략 프레임워크 그리고 마케터가 가져야 할 사고방식에 대한 제 생각과 학계의 연구결과입니다. 글의 말미에는 제가 직접 경험한 실전사례를 몇 개 곁들였습니다.

1장은 너무 당연해서 의심해 본 적 없는 불편한 진실에 대한 논의입니다. '무조건 1등 따라하기' '죽도록 열심히 하기' '과거의 성공 경험 반복하기'처럼 빠지기 쉬운 사고의 함정에 관한 논의입니다. 타인모방은 자신의 차별점을 지워버리고 자기모방은 자기고갈을 가져오는 법입니다. 고정된 패러다임에 대한 건강한 비판은 혁신의 시작이고 사고의 발전을 가져옵니다.

2장은 강한 마케터로 성장하기 위해서 지켜야 할 4가지 원칙 '헤카HECA'입니다. 헤카HECA는 넓게 보고 깊이 보고 창의적으로 보는 유연한 사고와 치밀한 실천력이라는 마케팅 전략가가 반드시 가져야 할 덕목을 의미합니다.

1. 홀리스틱 관점Holistic View

단편적인 사고가 가져오는 실패는 대개 성공의 가면을 쓰고 다가옵니다. 이러한 착각에 빠지지 않기 위해서 가져야 할 덕목이 홀리스틱 관점이고 시스템 사고입니다.

2. 엠퍼시Empathy

성과는 고객이 만들어줍니다. 그런데 고객의 지갑은 머리가 아니라 가슴으로 여는 것입니다. 고객을 이해하는 수준을 넘어 깊은 감정이입, 즉 엠퍼시의 단계로 들어가야 가슴을 울리는 인사이트를 발견할 수 있습니다.

3. 크리에이티비티Creativity

고객의 인사이트가 실행계획으로 발전하기 위해서는 창의적인 전략이 수립되어야 합니다. 크리에이티비티가 없는 마케터는 평범한 마케팅 기술자의 수준을 벗어나지 못합니다.

4. 얼라인먼트 Alignment

모든 노력이 성과로 나타나기 위해서는 잘 조율된 실행력, 즉 얼라인먼트가 구현되어야 합니다. 계획은 좋은데 실행이 잘못되었다는 평계는 마케터에게 용납될 수 없습니다.

3장은 약자의 전략에 관한 담론입니다. 세상에는 약자가 훨씬 많은데도 약자의 승리 전략 연구는 많지 않습니다. 이 장에서 제가 경영학술지 『융합경영리뷰』에 처음으로 발표한 「MCMD 프레임워크」를 소개하였습니다. MCMD는 약자가 선택할 수 있는 '만들고 Make, 바꾸고 Change, 이동하고 Move, 나누는 Divide' 4가지 전략을 의미합니다. 강자의 땅에서 강자가 지배하는 게임의 룰로 경기를 하는 약자에게 돌아오는 결과는 패배뿐입니다. 그러나 약자에게도 싸움터와 게임의 룰을 선택할 수 있는 절대 자유가 있다는 점을 잊어서는 안 됩니다. 강자와 달리 약자는 새로운 선택을 해야 생존할 수 있기 때문입니다. 이 선택을 돕기 위한 직관적인 사고 체계가 MCMD입니다. 기존의 싸움터를 떠나 새로운 게임의 룰을 만드는 메이크, 같은 땅에 버틴 채 경쟁자를 밀어내는 체인지, 좀 더 유리한 싸움터로 이동하는 무브, 싸움 대신 분할과 공존을 택하는 디바이드. 이 4가지 방향은 역사적으로도 세상의 약자들이 선택해온 전략 대안이었습니다.

4장은 승리하는 마케터가 가져야 할 사고방식입니다. 과거에 함몰되지 않고, 고객을 이해하고, 실천에 힘을 쏟자는 이야기입니다.

변화가 빠른 요즘의 기업 환경 아래에서는 정교한 분석을 바탕으로 세운 전략도 발빠른 수정을 해야 합니다. 그래서 마케팅 분야도 애자일 콘셉트를 적극적으로 받아들여야 합니다. 그리고 그 애자일한 접근은 미래 전략의 기반에서 시도되어야 합니다. 과거를 돌아보는 관성에서 벗어나 미래를 주도하기 위한 민첩함을 가질 때 승리자의 위치를 지킬 수 있습니다.

마지막 5장에서는 제가 성공시킨 실전사례를 몇 개 소개했습니다. 세상에 잘 알려지지 않는 기업 내부의 전략 의사결정 이야기입니다. 시중의 많은 성공사례 연구들은 과정보다는 성공한 결과에 집중합니다. 하지만 사실 그 성공에서 배워야 할 점은 과정에 있습니다. 그 성공이 어느 날 불쑥 이루어지는 것이 아니기 때문입니다. 수많은 시행착오와 정교한 분석과 치열한 토론이 벌어지는 그 생생한 과정은 현장에 있던 이들만이 알 수 있습니다. 그래서 유명한 회사들의 성공 스토리 대신 제가 직접 참여했던 사례를 몇 개 추렸습니다.

오랜 시간의 실전 경험과 마케팅 학계의 발전된 이론을 통합해보려는 이 시도가 하루하루 치열한 경쟁 속에서 살아가는 마케팅 전사들에게 좀 더 현실적인 도움이 될 수 있기를 희망합니다.

2022년 10월
신영식

차례

추천사   마케팅이라는 도구를 잘 사용할 수 있게 도와주는 책! · 5
               -박항기, 메타브랜딩 CBO·사장

서문   강자의 룰을 무너뜨릴 마케팅을 준비하자 · 8

1장 불편한 진실 · 21

1. 벤치마킹은 약자를 더 약하게 만든다 · 23
2. 1만 시간을 기다려주는 경쟁자는 없다 · 26
3. 낮잠 자는 토끼는 오래전에 멸종됐다 · 30
4. 고객을 만족시킨다고 반드시 매출이 늘지는 않는다 · 35
5. 성공은 실패의 어머니다 · 40

2장 승리하는 마케터의 원칙 HECA · 43

1. 홀리스틱 관점 Holistc view · 47
    홀리스틱 마케팅 · 48

시스템 다이내믹스와 시스템 사고 • 49
　　매직 트라이앵글 • 52
　　세그먼트 맵 • 53
　　뚜레쥬르의 홀리스틱 리엔지니어링 • 56

2. 엠퍼시 Empathy • 58
　　엠퍼시와 심퍼시 • 58
　　엠퍼시 강화하기 • 60
　　엠퍼시와 포지셔닝 • 63
　　당나라 장군이 말한 포지셔닝 개념 • 64
　　라이프스타일을 파는 서점 츠타야 • 66
　　100년 넘게 고객 일관성을 지켜낸 코카콜라와 엠퍼시 • 67
　　MZ세대 이해하기 • 68

3. 크리에이티비티 Creativity • 71
　　짜장면이냐, 짬뽕이냐? • 71
　　창의성의 정의와 유형 • 72
　　창의성 증진을 위한 8가지 방법 • 76
　　새로운 패턴 찾기 - 통찰과 추상화 • 78

4. 얼라인먼트 Alignment • 80
　　핵심 경쟁우위로서의 얼라인먼트 • 81
　　군사 작전으로 본 얼라인먼트 • 81
　　기업의 얼라인먼트의 진단 및 강화 • 85
　　마케팅 매뉴얼과 얼라인먼트 • 87
　　S.C.존슨의 포지셔닝 기술서 • 87
　　디아지오의 마케팅 매뉴얼 DWBB • 89

3장 약자의 마케팅 전략 MCMD • 91

1. 전략을 위한 전략 • 93
    예측 가능성에 따른 4가지 마케팅 전략 • 93
    경쟁 위상에 따른 4가지 마케팅 전략 • 95
    플랫폼 산업의 후발주자를 위한 5가지 추격 전략 • 96
    마켓 리더의 시장 방어 전략 • 97
    전략 수행 성공을 위한 7가지 실행 원칙 • 100
    부지피부지기 매전필태 • 101

2. 성공 전략 개발 • 103
    게임의 룰을 깨는 5가지 방법론 • 103
    직관적인 전략 개발 도구 – MCMD 프레임워크 • 104

3. 메이크 전략
  : 새로운 수요를 창출하라 • 108
    레드불 • 109
    바디럽 퓨어썸 • 110
    삼진어묵 • 111
    딤채 • 113

4. 체인지 전략
  : 게임의 룰을 바꿔라 • 115
    무학 좋은데이 • 115
    트렉스타 • 117
    라푸마 • 117
    넷플릭스 • 118
    강남스타일 • 119
    배달의민족 • 120
    게릴라전과 체인지 전략 • 120

5. 무브 전략
: 환호해줄 고객에게 가라 • 122
K-1의 제왕 세미 슐트 • 122
안다르와 젝시미스 • 123
코란도 스포츠와 코란도 투리스모 • 125
시바스 리갈 • 126

6. 디바이드 전략
: 시장을 나눠 가져라 • 128
블루보틀과 스타벅스 • 128
불닭볶음면 • 130
티볼리 에어 • 131
윈저 17년 • 132
타다 베이직 • 133
얌테이블 • 134
무신사 • 135

4장 마케팅 파워 강화하기 • 137

1. 본인의 판단부터 의심하라 • 139
인지편향 • 139
허위 합의 효과 • 140
소박실재론 • 141
에고센트리즘 • 142
집단사고의 압력 • 143

2. 관성을 버려라 • 144

모기약을 한겨울에 팔다 • 145
그 많던 비디오 대여점은 다 어디로 갔는가 • 145
파워포인트는 죄가 없다 • 146
시계도 패션이다 • 147

3. 약점으로 공격하라 • 149

선거판의 프레임을 바꿔라 - 영화 「정직한 후보」 • 149
논점을 뒤집어라 - GM 말리부 1.35리터 • 151
정체성을 재정의하다 - 패밀리 레스토랑 빕스 • 153
계란이 아닙니다 - 공기청향제 그레이드 코쿤 • 155

4. 애자일! 애자일! 애자일! • 157

학철부어 • 157
애자일 마케팅과 애자일 조직 • 159
애자일 마케팅의 효과 • 161
애자일 마케팅의 5가지 원칙 • 162

5. 전문가를 제대로 부려라 • 163

올바른 전문가 찾기 • 164
효율적으로 전문가와 일하기 • 165

6. 미래를 주도하라 • 167

곡돌사신 • 167
미래에 대한 변혁적 접근 • 168
미래 전략을 수립해야 하는 5가지 이유 • 170
주도적인 미래 • 171

5장 신영식 CMO 실전사례 • 175

1. 티볼리 • 177
　　SUV 범주화 전략 • 178
　　가격 비교점 이동 전략 • 179
　　에지 전략과 다이내믹 포지셔닝 • 180

2. 라푸마 • 185
　　약점을 강점으로 • 186

3. 윈저 17 • 190
　　윈저 더블엑스 프로젝트 • 191

4. 코란도 • 195
　　엄브렐러 브랜딩 전략 • 196

5. 닥터키친 • 197
　　스타트업의 사업 재편 전략 • 198

6. 가농바이오 • 202
　　스마트팜의 마케팅 혁신 전략 • 203

에필로그　승패는 주도권을 가진 자가 결정한다 • 206
참고문헌 • 208

1장

불편한 진실

1
벤치마킹은 약자를 더 약하게 만든다

벤치마킹은 원래 토목 분야에서 사용되던 말이었다. 강물의 높낮이를 측정하기 위해 설치된 기준점을 벤치마크라고 부르는데 그것을 세우거나 활용하는 일을 벤치마킹이라 불렀다. 하지만 경영 분야에서는 벤치마킹이란 용어를 '경쟁자에게 배워 경쟁자를 이기는' 방법으로 해석한다. 그러나 '경쟁자에게서 배운다'는 말은 사실 '경쟁자의 방식을 그대로 따라한다'는 얘기이자 '경쟁자 대비 상대적인 약점을 보완한다'는 의미이다. 과연 '따라하기'와 '약점 보완하기'만으로 강한 경쟁자를 이긴다는 것이 가능할까?

사실 경쟁자를 따라한다는 것은 전략의 유사성을 증대시키는 것이므로 상호 간의 전략적 차별성을 없애버리게 된다. 그 결과 조금이나마 있던 차별점마저 없어져 약자는 더 불리한 입장으로 몰린다. 이러한 전략적 수렴에 대해 전략학의 태두 마이클 포터|Michael E.

Porter도 그의 유명한 논문 「전략이란 무엇인가?」에서 '경쟁자와 비슷한 활동을 더 열심히 하는 것으로 장기적인 성공을 이룬 기업은 거의 없다'고 비판했다.[1]

약점 보완의 경우 보완 노력을 통해 도달할 수 있는 최고의 경지는 경쟁자의 현재 수준에 지나지 않는다. 게다가 빠르게 움직이는 경쟁자라면 약자가 약점 보완을 하는 와중에 또 다른 차별적 우위를 만들어낼 것이다. 따라서 경쟁자를 이기려면 약점 보완보다는 경쟁자보다 강한 나의 강점에 집중해야 한다. 경영학의 대가 피터 드러커Peter F. Drucker도 "약점을 없앤다고 성과가 만들어지는 것이 아니다. 약점을 없애는 것에 에너지를 집중하기보다 강점을 강화하는 데 에너지를 쏟아야 한다."라고 지적한 바 있다.[2]

오늘의 세상은 규모의 경제로 시장지배력을 확대하던 과거와 다르다. 조금 개선된 제품을 싼값에 내놓아 시장을 석권하던 패스트 팔로어 전략은 더 이상 먹히지 않는다. 이 시대 최고의 경영 전략가로 불리는 게리 해멀Gary Hamel은 "낡은 비즈니스 모델로 마지막 한 방울의 효율을 짜내려고 노력해온 기업은 하락하고 있다. 완전히 새로운 비즈니스 모델을 창조하거나 기존 비즈니스 모델을 본질적으로 재조합한 극소수의 기업만이 평범함Mediocrity의 늪을 피해갈 수 있었다. 새로운 부를 창출하려면 경쟁기업이 하고 있지 않거나 할 수 없는 방식으로 혁신을 단행해야 한다."라며 "진보Progress의 시대는 이미 종언을 고했다."라고 선언했다.[3]

벤치마킹은 이미 막을 내린 시대에 기반을 둔 기법이다. 1등도

끊임없이 창조적 혁신을 시도해야 살아남는 초경쟁의 세상에서 따라 하기는 시대착오적인 발상이다. 혁명의 시대를 살아가는 약자가 타인의 과거가 만든 성공 공식에만 몰입한다면 밝은 미래가 없다. 똑같은 활로 앞서 날아가고 있는 화살을 떨어뜨릴 수 없으며 과거의 활로 미래의 과녁을 맞힐 수는 없다.

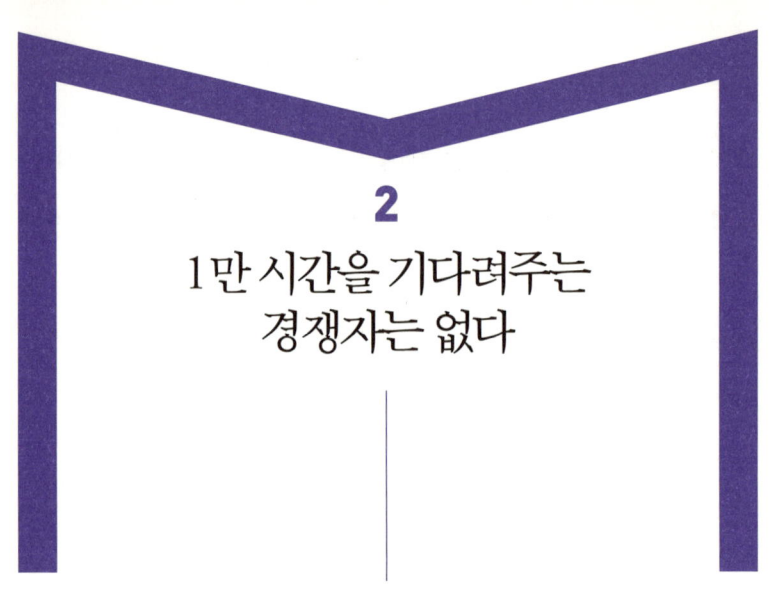

2
1만 시간을 기다려주는 경쟁자는 없다

　세계적인 저널리스트 말콤 글래드웰Malcolm Gladwell은 베스트셀러 저서 『아웃라이어』에서 보통 사람의 범주를 넘어선 성공을 이룬 아웃라이어의 성공원리로 '1만 시간의 법칙'을 주장했다.[4]
　"복잡한 업무를 수행하는 데 필요한 탁월성을 얻으려면 최소한의 연습량을 확보해야 한다는 사실은 수많은 연구를 통해 거듭 확인되고 있다. 연구자들은 진정한 전문가가 되기 위해 필요한 '매직넘버'에 수긍하고 있다. 그것은 바로 1만 시간이다. 신경과학자인 다니엘 레비틴Daniel Levitin은 어느 분야에서나 세계적인 수준의 전문가나 마스터가 되려면 1만 시간의 연습이 필요하다는 연구 결과를 내놓았다."
　말콤 글래드웰의 주장처럼 오랜 기간의 노력은 성공 조건의 하나일 수 있다. 하지만 그 긴 시간에는 역작용도 있다. 만일 1만 시간을 들여 어떤 경기의 고수가 되어 세상에 나왔는데 그사이 경기 종목 자체가 없어져 버렸다면 어찌할 것인가? 1만 시간은 보상받을 길이 없어진다.

"당신, 물 위를 걸을 수 있소? 나는 하는데."

"그래요? 오래 고생하셨겠군요."

"네. 꼭 8년이 걸렸지요."

"동전 두 개면 뱃사공이 강을 건네주는데 뭐 하러 8년이나 고생했을까?"[5]

수련 과제의 적절성 역시 진지하게 생각해봐야 하는 주제이다. 오쇼 라즈니쉬Osho Rajneesh의 우화에 등장하는 이 상황은 비즈니스의 세계에서도 종종 발견된다. 숙련의 과제가 무의미하다면 숙련도의 향상은 시간 낭비에 불과하다.

사람마다 다른 성취도 역시 생각해볼 문제다. 똑같이 1만 시간을 노력했는데 누구는 고수가 되고 누구는 시간만 낭비한 인생의 낙오자가 된다. "천재는 99%의 노력과 1%의 영감으로 만들어진다."라는 발명왕 토머스 에디슨Thomas Alva Edison의 말을 우리는 '천재가 아니라도 열심히만 하면 누구나 성공할 수 있다'는 의미로 해석한다. 그렇다. 적어도 그런 희망이 있어야 우리 같은 평범한 사람도 세상 살아가는 재미가 있을 것이다. 그런데 에디슨이 정말로 그런 뜻으로 이야기한 것이었을까? 아마도 그가 하려던 말은 '나 같은 천재도 발명 하나 하려면 노력이 많이 필요하다'는 것이지 '노력만 하면 누구나 천재적인 결과물을 만들 수 있다'는 아니었을 것이다.

1만 시간의 노력만으로는 부족하다면 비즈니스 전쟁의 승리에 필요한 역량은 무엇일까? 현실적인 해결책의 하나로 전략적 통찰력의 향상을 고려할 수 있다. 통찰력을 개발하고 향상시킨다면 천재가 아닌 보통 사람들도 승리에 가까워질 수 있을지 모른다. 프로이센의 장군이자 전쟁이론가 카를 폰 클라우제비츠Carl Phillip Gottlieb von Clausewitz도 저서 『전쟁론Vom Kriege』에서 승리의 관건은 '군사적 천재의 통찰력'이라고 주장했다. 그런데 과연 통찰력은 개발될 수 있는 능력일까? 가능하다면 어떤 방법으로 통찰력을 향상시켜야 할까?

제2차 세계대전 당시 이탈리아 함대의 주요 기지였던 타란토항은 평균 수심이 12미터로 얕아서 항공기 어뢰 공격이 불가능하다는 것이 상식이었다. 비행기에서 투하된 무거운 어뢰는 물속 30미터 깊이로 가라앉기 때문이다. 그러나 1940년 11월 11일 영국의 항공모함 일러스트리어스HMS Illustrious에서 발진한 21대의 소드피시 뇌격기는 타란토항 깊숙이 정박해 있던 전함들을 어뢰로 침몰시켰다. 이들은 와이어를 이용해 어뢰의 앞을 들어올림으로써 수직 투하 방식이 아니라 수평 동체 투하 방식을 가능하게 하여 얕은 수심의 문제를 극복한 것이다. 1941년 12월 7일 영국군의 타란토 공습에서 영감을 얻은 일본 해군 제독 야마모토 이소로쿠山本五十六는 얕은 수심만 믿고 어뢰 공격에 대비가 없었던 하와이의 진주만을 전격 공습했다.

게리 클라인Gary Klein은 통찰력을 개발하기 위한 도구로서 '연결

Connection, 우연의 일치Coincidence, 호기심Curiosity, 모순Contradiction, 창의적 절망Creative desperation'의 5C를 주장했다. 야마모토 제독의 전략적 통찰은 타란토 전투에서 얻은 정보와 진주만에 관한 정보의 '연결'에서 나왔다. 이처럼 문제의 해결은 이미 가지고 있던 정보와 결합 가능한 새로운 정보를 얻음으로써 일어나기도 한다. 한편 분명한 인과관계의 고리가 없음에도 서로 연관되었을 법한 '우연의 일치'와 깊은 '호기심'도 통찰을 일으킨다. 또한 '모순'의 인지는 기존 패러다임의 파괴를 가져온다. 물리학자 토머스 쿤Thomas S. Kuhn은 저서 『과학혁명의 구조』에서 기존의 프레임과 모순되는 발견이 정상과학과 충돌할 때 새로운 패러다임이 등장한다고 하였다. 도저히 해결할 방법이 없는 절망적인 순간에 발현되는 힘 역시 통찰을 가져온다. 네덜란드의 심리학자 아드리안 드 그루트Adriaan Dingeman de Groot는 체스 선수가 절망적인 상황에서 훌륭한 전략을 찾아내는 힘을 '창의적 절망'이라 표현했다.[6]

비즈니스 전쟁터에는 강자가 수두룩하다. 더 많은 자원과 기술을 가지고 있으면서도 변화를 게을리하지 않는 시장의 최강자들은 1만 시간을 기다려주지 않는다. 그들은 오랜 시간의 투입만으로 이길 수 있는 상대가 아니다. 이기는 싸움은 정보의 연결과 호기심과 절실함으로 키워낸 통찰력이라는 무기로 시작하는 것이다.

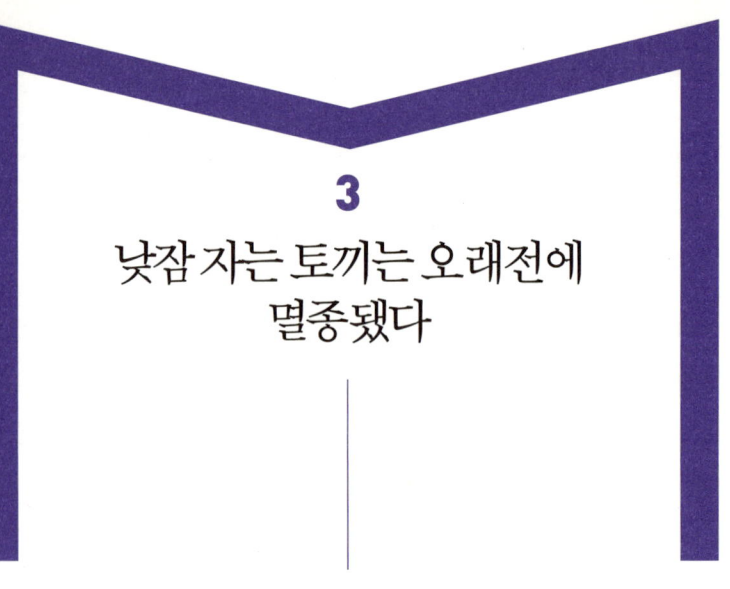

3
낮잠 자는 토끼는 오래전에 멸종됐다

『이솝 우화』 속 「토끼와 거북이」에는 약자의 승리라는 반전의 카타르시스가 있다. 그러나 그 경주의 결과는 거북이의 승리가 아니라 토끼의 패배다. 토끼의 낮잠이라는 돌발 변수가 승자와 패자를 바꾸었을 뿐 거북이에게 승리의 가능성은 원래부터 없었다. 약자의 승리라는 반전 스토리는 언제나 따뜻하고 희망적이지만 슬프게도 우리는 지금 동화의 나라에 살고 있지 않다. 경기 중에 낮잠을 자는 게으르고 오만한 토끼는 이미 멸종되어 사라졌다. 그럼에도 아직도 사람들은 거북이의 승리에 박수를 보내며 약자의 승리를 기대한다.

이길 확률이 낮은 약자를 언더독이라고 한다. 동정표를 받은 약세 후보의 대중지지도가 올라가 결국 승리하는 선거는 카타르시스를 준다. 대다수 사람은 약자에게 감정이입이 되어 그의 승리를 기원하기 때문이다. 덕분에 언더독의 인생 반전 스토리는 영화와 소설의 주제로 무수히 반복됐다.

"이건 구원의 스토리입니다, 대통령님. 망가진 자신의 인생을 되살린 젊은이가 펜실베이니아주를 다시 살리는 겁니다. 사람들은 언더독을 사랑하고 실패와 좌절을 극복하고 다시 일어선 사람의 이야기를 좋아합니다. 이 두 가지가 결합하면 강력한 모티프가 됩니다."

2013년 시즌1 공개 이후 시즌 6까지 제작된 넷플릭스의 간판 드라마 「하우스 오브 카드」의 한 대목이다. 풋내기 하원의원 피터 루소는 좌절감에 빠져 알코올과 마약에 손을 댄다. 그러나 원내 총무 프랭크 언더우드는 대통령에게 피터가 최적의 주지사 후보라고 주장한다. 나락에 떨어진 언더독이라는 약점이 피터의 최대 강점이 될 수 있다는 전략적 판단의 결과였다.

언더독의 반전 스토리가 비즈니스에도 자주 등장한다면 얼마나 좋겠는가? 그러나 현실은 그리 녹록지 않다. 비즈니스의 세계에서는 노력만으로 언더독의 승리를 담보할 수 없다. 성실한 거북이는 짧은 다리를 죽어라 놀려보지만 토끼는 멀어져만 간다. 현실의 무수한 거북이들은 무조건 달린다. 미친 듯이 달리면서 위기의식과 불안감을 해소하려고 한다. 하지만 주말도 없이 밤늦게까지 일한다고 거북이의 다리가 토끼보다 길어지지는 않는다. 강자와의 싸움에서 승리를 꿈꾼다면 거북이의 승리가 거북이의 노력 덕분이 아니라는 것을 직시해야 한다.

사마의司馬懿는 화려한 일생을 살지는 않았으나 제갈공명諸葛孔明을 물리치고 천하를 통일했다. 그는 한 시대를 풍미했던 세 영웅 유비劉備, 조조曹操, 손권孫權도 이루지 못한 중원통일의 대업을 이룬 인물이다. 그런데 세상 사람들은 역사상 최고의 인물로 사마의가 아닌 제갈량을 꼽는다. 이런 평가 덕인지 중국 고전 관리학의 대가 자오위핑趙玉平 박사는 저서 『자기통제의 승부사 사마의』에서 사마의는 능력 면에서 제갈량을 이긴 것이 아니라 단지 그보다 더 오래 살았기에 역사의 승자가 될 수 있었다는 시니컬한 평을 남겼다.[7]

역사는 우직한 성실함이 승리를 보장하지 않는다는 깨달음을 주지만 그렇다고 좌절할 필요는 없다. 싸움의 조건을 나에게 유리하게 바꾼다면 대등하게 겨루어볼 만한 상황이 만들어지기 때문이다. 만일 거북이와 토끼가 평지 대신 가파른 내리막에서 경주를 했다면 상황이 달라졌을 것이다. 토끼가 평지에서 빠르게 달릴 수 있는 것은 길고 튼튼한 뒷다리 덕분이지만 내리막길에서는 바로 그 긴 뒷다리 때문에 제대로 달리지 못한다. 그래서 내리막길은 거북이에게 기울어진 운동장을 평평하게 만들어주는 조건이 된다.

판소리 『수궁가水宮歌』로 유명한 소설 『별주부전鼈主簿傳』에서는 토끼와 거북이의 반전 스토리가 일어난다.

"큰 병을 얻은 용왕이 토끼의 간을 먹으면 병이 낫는다는 이야기를 듣게 된다. 그래서 물과 뭍을 오갈 수 있는 별주부(자라)가 뭍으로 올라와 토끼를 설득하여 함께 용궁으로 갔다. 토끼를 본 용왕이 대뜸 '내가 살기 위해서는 네가 죽어야 한다.'라고 말했다. 이에 토끼는 잠깐 당황했지만 기지를 발휘하여 '안타깝지만 지금은 나에게 간이 없다. 나만 아는 곳에 몰래 감춰두고 왔다.'라고 말하여 용왕을

속이고 무사히 탈출했다. 감춰놓았다는 간을 받아오기 위해 별주부가 다시 토끼를 데리고 육지로 올라갔더니 토끼는 별주부를 농락하며 곧바로 산속으로 도망갔다."

땅 위의 경주에서 거북이는 불리한 조건을 감수했지만 물속 용궁에서 궁지에 빠진 토끼는 다른 선택을 했다. 물속이라는 환경 조건이 자신을 약자로 만든다는 사실을 깨닫고 조건의 변화를 시도한다. 간을 집에 두고 왔다는 핑계로 땅 위에 오름으로써 자신에게 유리한 운동장으로 회귀했다. 물속의 약자가 뭍의 강자로 바뀌는 반전의 순간이다. 용궁에 끌려간 토끼는 자신에게 불리한 조건을 냉정하게 직시함으로써 승리의 조건을 만들어낸 것이다. 용궁에 간 토끼가 구사한 싸움의 조건을 나에게 유리하게 만드는 책략을 『손자병법』은 14가지로 나누어 이야기하고 있다.[8]

"병兵이라는 것은 속이는 방도다. 그러므로 능하면 능하지 못한 것처럼 보이고, 유능한 사람을 등용하면 등용하지 않은 것처럼 보이고, 가까이하려 하면 멀리할 것처럼 보이고, 멀리하려 하면 가까이할 것처럼 보이고, 이익으로 적을 유인하고, 적을 혼란하게 만들어 취하고, 적이 견실하면 대비하고, 적이 강하면 피하고, 적장을 노하게 하여 흔들리게 하고, 말을 낮추어 적장이 교만하게 하고, 적이 편안하면 수고롭게 하고, 적이 상하 간에 친하면 이간질하고, 적이 대비하지 않는 곳을 공격하고, 적이 예상하지 않은 곳으로 출동해야 한다. 이는 병가의 승리하는 방도이니 미리 누설해서는 안 된다."[9]

1869년(고종 6년) 조희순이 출간한 『손자병법』 주해서 『손자수孫

子髓』는 손자孫子의 14가지 방도를 이렇게 풀이하고 있다.

"싸우기 전에 묘당에서 계산하여 우세한 자는 승산을 얻음이 많은 것이요, 싸우기 전에 묘당에서 계산하여 우세하지 않은 자는 승산을 얻음이 적은 것이다. 울료자가 말했듯이 '갑옷을 꺼내어 햇볕에 말리지 않고도 승리하는 것이 승리하는 것'이다."[10]

싸움은 승리하기 위해서 하는 것이지만 약자에게 승리는 낯선 이야기이기 쉽다. 그러나 약자라고 해서 포기부터 하지는 말자. 약자일 수밖에 없는 조건을 벗어나기만 하면 승리도 더 이상 먼 나라 이야기만은 아니다.

4
고객을 만족시킨다고 반드시 매출이 늘지는 않는다

　마케팅 의사결정에서 '인과관계Causality'를 명확히 밝히는 것은 대단히 중요하다. 인과관계가 없는 경우 혹은 '상관관계Correlation'만 있는 두 변수 사이에 인과관계가 있다고 착각하면 엉뚱한 전략이 나오기 때문이다. 인과관계와 상관관계를 설명한 재미있는 사례가 있다.

　한 연구자가 아이스크림 판매량 추이와 해수욕장의 익사 사망자 증감 추이를 비교했다. 결과는 놀라웠다. 아이스크림 판매가 증가하면 사망자 수가 증가했다. 반대로 아이스크림 판매가 줄면 사망자 수도 줄었다. 이를 근거로 연구자는 사망자 증가의 원인이 아이스크림이라는 결론을 내렸다.

　사례를 찬찬히 읽어보면 무엇이 문제인지 금세 짐작할 수 있다. 이 연구자는 제3의 변인, 즉 '여름 평균기온'을 고려하지 않았다.

기온의 변화가 아이스크림 판매량 변동의 원인 중 하나이면서 익사자 수 변동의 원인이었으므로 두 가지 변수 사이에 직접적인 인과관계는 없었다. 그러나 만일 해수욕장 관리자가 연구자의 결론을 있는 그대로 받아들였다면 사망자 수 감소를 위해 취할 가장 합리적인 행동은 '해수욕장 내 아이스크림 판매 금지'가 될 것이다. 어린아이도 웃을 결론이지만 비즈니스 현장에서는 이런 일들이 자주 목격된다.

우리는 고객의 만족도를 높이면 자동으로 매출이 향상된다고 믿는 경향이 있다. 물론 판매가 잘되는 제품은 대개 고객만족도가 높다. 하지만 만족도가 높았던 제품이나 서비스임에도 재구매가 잘 일어나지 않는 경우도 흔히 일어난다. 연구에 따르면 '고객 만족 Customer Satisfaction'은 대개 '브랜드 애호도 Brand Loyalty'의 형성이라는 단계를 거쳐 '구매 Purchase'라는 행동으로 이어진다고 한다. 따라서 브랜드 애호도 형성과 구매 행동 사이에 정방향의 '인과관계'가 존재하지 않는다면 고객 만족이 반드시 구매행동으로 이어진다고 할 수는 없다.

그렇다면 고객 만족과 브랜드 애호도 그리고 구매 행동 간에는 인과관계가 있을까? 이들 사이에 인과관계가 존재한다면 '만족한 감정이 브랜드 애호도를 높여 긍정적인 구매 의도를 형성하고 형성된 의도가 구매 행동을 유발할 것'이라고 가정할 수 있다. 이 과정에서 고객 만족이 구매 의도를 형성한다는 데는 별로 이견이 없는 듯하다. 그러나 구매 의도와 구매라는 행동 사이의 관계에 대해서는 논란의 여지가 있다.

관련된 연구로 밴더빌트 대학교 오웬 경영대학원의 리처드 올리버Richard L. Oliver 교수가 주장한 '애호도 형성 4단계 모델'이 있다.[11] 올리버는 '인지적 애호도Cognitive loyalty'와 '감정적 애호도Affective loyalty'의 단계를 지나 높은 몰입을 보이는 '의도적 애호도Conative loyalty'가 형성된 뒤에야 관성적 구매를 가져오는 '행동Action'을 나타내게 된다고 주장했다. 여러 나라 연구자들에 의해 실시된 실증 연구 결과 이 모델의 1, 2, 3단계는 순차적으로 유의적인 관계를 보였다. 하지만 3단계인 '의도적 애호도'와 4단계 '행동' 사이의 인과관계는 유의적이지 않았다. 애호도와 구매 행동 사이에 명확한 인과관계가 존재하지 않으므로 고객 만족의 향상이 반드시 매출 증대를 가져온다고 확신할 근거는 없다.

반면에 위의 경우와 다르게 고객 만족 여부와 관계없이 다른 변수에 의해 매출이 향상되기도 한다. 대표적인 변수가 '보상Reward'이다. 보상이 주어지는 경우 고객 만족의 여부와 관계없이 구매 혹은 재구매 행동이 발생할 수 있다. 특히 '기대보다 큰 보상'이나 '기대하지 않았던 보상'이 주어지는 경우 추가 구매가 일어날 확률은 매우 높아진다.

CJ그룹이 운영하는 패밀리 레스토랑 '빕스'를 대상으로 할인이라는 보상과 매출의 관계를 검증한 연구가 있다. 이 연구결과를 보면 할인 기회를 받은 고객의 객단가가 늘어났다. 즉 할인 기회의 제공이 매출 향상이라는 실제 성과로 기업에 돌아온 것이다.[12] '할인'이라는 보상과 '매출' 간의 인과관계가 실증적으로 검증된 경우다. 고객이 만족했는지는 알 수 없지만 '월 1회로 한정된 할인 기회'가 주는 보상에 대한 인식이 실제 구매행동을 일으켰다.

한편 와인처럼 제도와 규제가 폭발적인 수요를 만들어낸 예도 있다. 2000년대 이전까지는 꽤 낯선 주류였던 와인은 어느 사이 우리 문화 깊숙이 들어와 있다. 격식을 갖춘 만찬에는 당연히 와인이 곁들여지게 되었고 해박한 와인 지식은 교양의 척도로 여겨지게 되었다. 이런 빠른 확산은 일반적으로 소비 수준의 향상, 인터넷의 보급, 해외여행의 증가로 인한 고객의 와인 선호도 증가로 설명한다. 하지만 와인 시장의 성장은 고객 선호도 증가보다는 우리나라의 독특한 주세 제도에 고무된 유통업계의 주도로 일어났다.

세계적으로 주류 과세체계는 알코올 도수에 따라 세율이 늘어나는 종량세가 대세이지만 와인 시장이 커지기 시작할 무렵 우리나라는 가격에 연동하는 종가세를 사용하고 있었다. 위스키는 주세와 교육세를 합해 93.6%의 세금이 붙었고 맥주는 그보다 더 높은 세율이 적용되고 있었다. 높은 세율이 고객 판매 가격에 반영되었기에 위스키와 맥주는 다른 나라에 비해 비싸게 팔리고 있었다. 하지만 와인은 과실주로 분류되므로 33.3%의 세금만 납부하면 되는 장점이 있었다.

또 하나 재미있는 차이는 국산 주류보다 수입 주류가 세금을 더 적게 낼 수 있다는 것이었다. 수입 주류는 수입신고가가 과세 기준이지만 국산 주류는 판매비 및 일반관리비가 포함된 공장출고가를 기준으로 과세하므로 과세 기준금액이 적은 수입 주류가 세금을 덜 내는 상황이 생길 수 있다. 그러므로 수입 주류이자 과실주인 와인은 다른 수입 주류와 비교해 내야 할 세금이 턱없이 적었다.

유럽 연상이 강한 와인은 프리미엄 이미지가 강했고 포도 품종이나 생산국가는 따져도 브랜드 인식은 약한 제품이라서 고객 판매가격 책정의 자유도가 높다. 낮은 진입 장벽과 높은 유통 마진에 유통 업계는 환호했고 그 결과 공급자 수가 늘어나면서 공급량이 폭발했다. 시간이 지나며 제품의 다양성이 증가하고 고객의 와인 경험이 늘어나면서 시장은 본격적으로 성장했다. 와인 시장의 성장 스토리는 특정 와인 혹은 와인 카테고리에 대한 고객 만족이 아니라 공급의 증가에 의해 시작되었다는 점에서 매우 독특하다.

이렇게 수요의 창출 혹은 판매 증대라는 결과가 나오기까지는 고객 만족 이외에도 다양한 변수가 복합적으로 작용한다. 따라서 매출 증대를 추구하는 마케터는 고객 만족뿐만 아니라 다양한 변수를 같이 고려하는 넓은 시각을 가져야 한다.

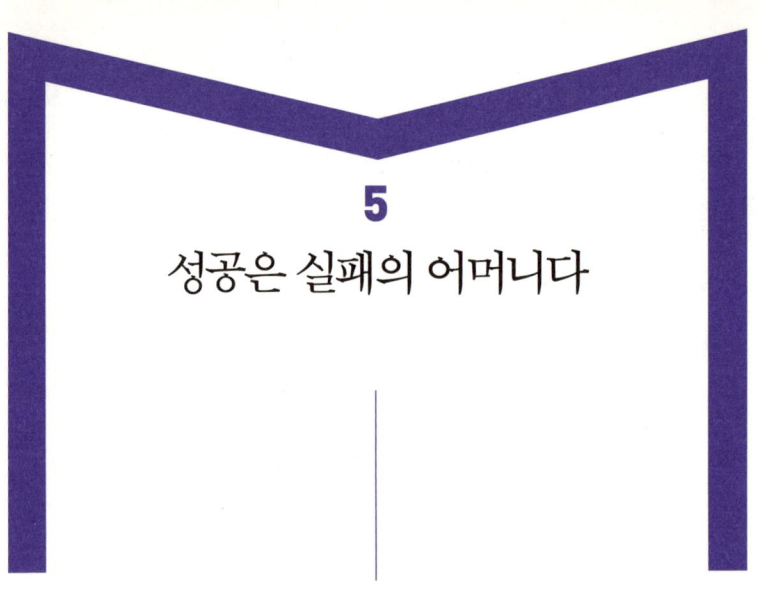

5
성공은 실패의 어머니다

 '이른 아침 밭에 나간 송나라의 농부는 나무 그루터기에 부딪혀 목이 부러져 죽은 토끼를 발견했다. 그 후로 농부는 쟁기를 놓고 그루터기를 지키며 토끼를 기다렸다. 그러나 농부는 더 이상 토끼를 얻을 수 없었으며 세상의 웃음거리만 되었다.'
 『한비자』의 「오두편」에 나오는 '수주대토守株待兎'의 교훈이다.[13]
 날개 없이 추락하는 기업을 보면 송나라의 농부가 생각난다. 과거의 영광을 추억하며 과거를 무한 반복하는 모습이 그렇다. 잘나가던 기업일수록 그런 증세는 더 심각하다. 같은 물에 다시 발을 담글 수 없는 법이건만 성공의 기억과 경험은 우리를 잘 놓아주지 않는다.[14]
 큐비즘을 대표하는 천재 화가 파블로 피카소Pablo Ruiz Picasso는 "성공한 사람은 자기모방을 하게 된다. 그러나 자기모방은 자기고

같의 결과를 가져오기 때문에 타인을 모방하는 것보다 더 위험하다."라는 말로 자기모방의 피해를 경고했다.[15] 밝은 미래를 개척하고 싶다면 성공의 기억부터 버려야 한다.

세계 최초로 휴대폰을 만든 모토로라와 세계판매 1위의 노키아는 이미 역사 속으로 사라졌다. 스마트폰으로 진화해야 하는 타이밍을 놓친 이들 피처폰의 제왕들에게서 토끼를 기다리던 송나라 농부의 마음을 읽을 수 있다. 그 시대에 우리는 모토로라와 노키아에 환호했다. 엄청난 기술력, 방대한 영업망, 수많은 인재를 보유하고 있던 그들의 몰락이 게으름이나 자원의 부족 탓은 아니다. 아마도 그 이유는 과거의 성공에서 헤어 나오지 못한 사고의 경직성에서 찾아야 할 것이다.

큰 성공이 큰 실패를 부르는 자기모방의 위험성은 역사에서도 자주 발견된다. 1241년 4월 오고타이칸의 조카 바투칸Batu Khan의 몽골군은 모히에서 벨라 4세Belo IV가 이끄는 10만 명의 헝가리-크로아티아 연합군과 역사적인 전투를 치른다. 이 전투는 몽골군의 일방적인 승리로 끝났다. 몽골군이 두 배가 넘는 적군을 괴멸할 수 있었던 이유는 전술의 차이에 기인한다. 오랜 세월 동안 유럽의 공격은 무거운 갑옷을 두른 중기병대의 돌격으로 시작했다. 그러나 언제나 성공을 약속하던 그 공격술이 말 위에서 화살을 날리는 민첩한 몽골군 경기병을 만나자 혼란에 빠졌다. 이어진 화약과 나프타를 이용한 몽골군의 화공 앞에 과거 전술은 완전히 무력화되었다.[16] 이 전투는 몽골군의 승리이면서 세상의 변화에 눈감은 유럽의 패배

이기도 하다.

　오늘날의 시장은 변화가 빠르며 전선조차 확실치 않은 전쟁터다. 1등 기업조차 게으를 여유가 없다. 이런 세상을 미리 내다본 석학들은 과거 성공 경험은 잊고 적극적인 변화를 시도하라고 조언했다. 토머스 쿤Thomas Kuhn은 '패러다임의 전환Paradigm Shift'을 하라고 했고, 시어도어 레빗Theodore Levitt은 '창조적 파괴Creative Destruction'를 강조했고, 클레이튼 크리스텐슨Clayton M. Christensen은 '와해적 혁신Disruptive Innovation'의 필요성을 주장했다.

　과거 성공에 취한 오만과 세상의 변화에 눈감은 태만은 패배의 치명적인 원인이다. 지나간 세월의 영광을 버려야 비로소 미래의 싸움을 감당할 수 있다.

2장

승리하는 마케터의 원칙
HECA

　주제의 흥미로움 때문인지 감옥 탈출이라는 테마는 소설과 영화로 많이 나왔다. 감옥탈출 이야기의 원조는 37세의 젊은 나이에 아내를 살리고 자신은 타이타닉호와 운명을 같이한 잭 푸트렐Jacques Futrelle이 1905년 발표한 『13호 독방의 문제』일 것이다.

　사고기계라는 별명으로 불리는 밴 두젠 교수는 사고의 힘만으로 교도소를 탈출할 수 있다는 내기를 한다. 그는 동료 과학자 찰스 랜섬 박사, 알프레드 필딩과 일주일 후 밤 8시 반에 교도소 소장실에서 만나자는 약속을 하고는 미네소타주 세인트루이스 치삼 교도소의 사형수 감방 13호실에 수감된다. 밴 두젠 교수는 교도소의 구조와 관리 시스템을 관찰하고 간수와의 대화를 통해 감옥 바깥의 환경과 수리 공사 이력을 알아낸다. 수집한 정보를 바탕으로 창의적인 탈출 전략을 짜고 하나씩 실행에 옮긴다. 약속한 날 교수는 마술처럼 탈출에 성공하고 정확한 시간에 소장실에 나타난다.

밴 두젠 교수의 탈출 과정을 마케팅 관점으로 보면 다음의 네 가지로 요약할 수 있을 것 같다.

1. 홀리스틱 관점 Holistic view

자신이 처한 상황을 홀리스틱 관점으로 넓게 파악한다.

2. 엠퍼시 Empathy

고객의 인사이트를 정확히 파악한다.

3. 크리에이티비티 Creativity

창의적인 아이디어를 찾아 마케팅 전략을 수립한다.

4. 얼라인먼트 Alignment

조직 각 부분을 잘 조율하여 전략을 실행에 옮긴다.

1
홀리스틱 관점
Holistic View

 게으른 주말 저녁 우연히 보게 된 홈쇼핑에는 환상이 있다. 저 음료 하나만 마시면 혹은 저 운동기구 하나면 내일 바로 몸짱이 될 것 같다. 하지만 세상은 그렇게 단선적으로 흘러가지 않는다. 수많은 톱니바퀴로 구성된 기계식 시계처럼 복잡하게 얽혀 돌아간다. 나무만 보지 않고 숲 전체를 보는 홀리스틱 관점Holistic View이 필요한 이유다.

 '홀리스틱Holistic'이라는 단어는 20세기 초에 나온 신조어다. '전부' 혹은 '전체'라는 의미의 그리스어 '홀로스Holos'를 어원으로 한다. 1926년 남아프리카공화국의 군인이자 정치가인 얀 스뮈츠Jan Christiaan Smuts가 저서 『전체론과 진화Holism and Evolution』에서 처음 사용했다. 그는 홀리즘을 '창의적 진화를 통해 부분의 합보다 더 큰 전체를 만들려는 경향'이라고 정의했다. '홀리스틱 관점'은 부분을 모아놓는 것만으로는 전체를 파악할 수 없다는 전체론적 인식에서 비롯되었다. 넓은 시야와 다양한 기능의 조율이 필수적인 마케팅 분야에서도 홀리스틱 관점은 매우 중요한 개념이다.

홀리스틱 마케팅

마케팅의 거장 필립 코틀러Philip Kotler와 케빈 켈러Kevin Lane Keller는 논문「홀리스틱 마케팅: 마케팅 관리에 대한 통합적 관점」에서 새로운 시대의 마케팅 콘셉트로 '홀리스틱 마케팅'을 소개했다. 홀리스틱 마케팅은 뷰카VUCA라 불리는 '변동적이고Volatility, 불확실하며Uncertainty, 복잡하고Complexity, 모호한Ambiguity' 사회 환경에 적

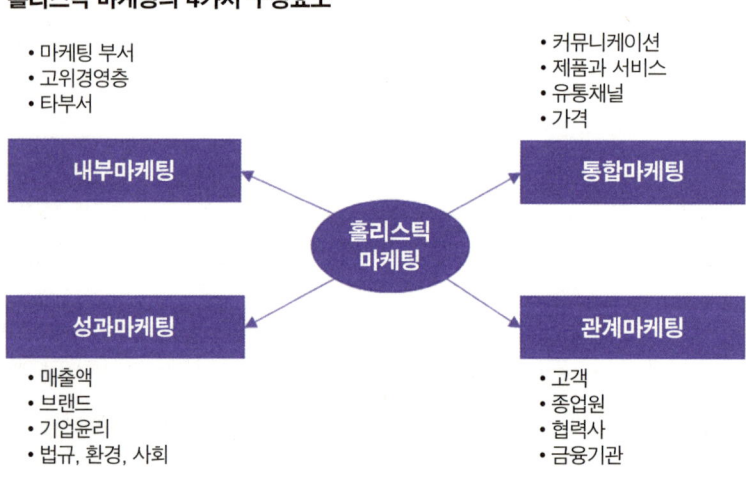

홀리스틱 마케팅의 4가지 구성요소

합한 마케팅 개념으로 제시되었다. 코틀러는 새로운 시대의 마케팅은 고객, 종업원, 경쟁사는 물론 사회 구성원 모두와 관련된 일이라 주장했다. 이러한 다수의 참여자와 깊어진 상호 의존성 때문에 마케팅은 일개 부서 단위가 아니라 회사 전체 구성원의 이슈가 되었다. 홀리스틱 마케팅은 '내부마케팅, 통합마케팅, 성과마케팅, 관계마케팅'이라는 4가지 요소로 구성된다.[17]

시스템 다이내믹스와 시스템 사고

인간의 활동은 구성요소의 상호 작용으로 목적을 달성하는 메커니즘, 즉 시스템이며 각각의 시스템은 서로 긴밀하게 연결되어 있다. 그러므로 한 시스템의 개별 부분이 보여주는 단면에만 집중하다 보면 해결책을 찾지 못한다. 게다가 비즈니스 환경의 변동성과 복잡성은 계속 증가하고 있다. 따라서 마케팅에도 전체를 통합적으로 바라보는 홀리스틱 관점이 필요해졌다. 그런 통합적 시각에 가장 근접한 사고체계로 '시스템 사고 System Thinking'를 꼽을 수 있다.

시스템 사고는 시스템의 부분들을 분석하고 연결하여 시스템 전체를 이해하기 때문에 문제의 구조적이고 근본적인 이해가 가능해진다. 시스템 사고는 복잡계 연구 방법론인 '시스템 다이내믹스 System Dynamics'의 토대가 된 사고틀이다. 시스템 다이내믹스는 시스템의 구조적 특성과 함께 시스템을 통제하는 정책과 의사결정을 연구하는 학문이다. 순환적 인과관계에 기초하여 동태적 분석을 수행하는 SD는 MIT 공대의 제이 포레스터Jay Forrester 교수가 미군 프로젝트 경험을 토대로 정립한 피드백 이론을 산업계에 적용한 방법론이다. SD의 관점에서 보면 모든 인과관계는 쌍방향으로 흐르며 순환적 과정으로 귀결된다고 본다.

"모기에 의해 전염되는 말라리아로 고생하던 보르네오 농민들은 살충제 DDT를 움막집에 살포하였다. 그랬더니 모기는 줄었으나 DDT가 바퀴벌레 몸에 축적되었고 그 바퀴벌레를 잡아먹은 도마뱀을 잡아먹은 고양이가 죽기 시작했다. 그 결과 쥐가 늘어나 흑사병 위험이 늘었다. 그런데 뜻밖의 일이 벌어졌다. 움막집 지붕이 주저앉기 시작했던 것이다. 왜냐하면 도마뱀은 나방의 유충도 잡아먹는데 도마뱀의 개체수가 줄어드니 유충이 증가하여 서까래를 갉아먹었기 때문이다."[18]

김도훈, 문태훈, 김동환의 『시스템 다이내믹스』에 나오는 '보르네오섬의 전염병 사례'다. 이 사례를 시스템 사고의 핵심 도구인 '인과 지도Causal Loop Diagram'로 그리면 다음의 그림과 같다. 인과 지도는 주요 변수 간의 인과관계와 피드백 구조를 쉽게 볼 수 있도록 도식화한 모델이다. 다이어그램에서 플러스(+) 기호는 같은 방향으로 움직인다는 뜻이고 마이너스(-) 기호는 반대 방향으로 움직인다는 뜻이다.

첫 번째 루프(L1)를 보면 전염병이 늘어나 살충제 도포를 증가시킨 것은 같은 방향의 움직임이 되므로 (+)다. 그런데 DDT 살포량

보르네오섬의 전염병에 대한 인과지도

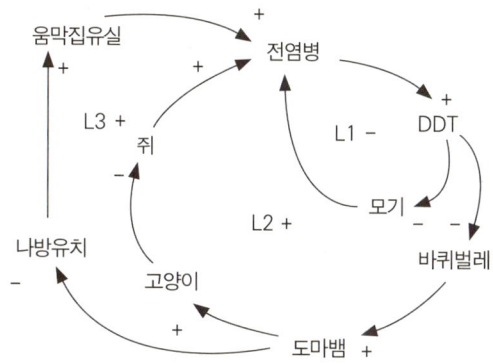

증가가 모기 숫자 감소라는 반대 방향의 결과를 가져왔으므로 (-)가 된다. 반면에 모기감소와 전염병 감소는 같은 진행 방향이므로 (+)로 표시한다. 두 번째 루프(L2)를 보면 DDT 살포량의 증가는 모기뿐만 아니라 바퀴벌레 숫자도 감소시켰고(-) 바퀴벌레를 먹이로 삼던 도마뱀의 숫자도 감소시켰다(+). 이 경우는 둘 다 감소되었으므로 (+)가 된다. 도마뱀의 숫자가 감소되니 도마뱀을 잡아먹던 고양이 숫자가 줄었다(+). 그 바람에 쥐의 숫자는 늘어났다(-). 쥐가 늘어나니 쥐가 옮기는 흑사병 위험이 늘었다(+).

 이 사례에서 시스템 사고의 필요성을 짐작할 수 있다. 살충제 살포는 말라리아 위험 감소라는 목적을 충실히 달성했으므로 루프 1만 보면 성공한 프로젝트다. 하지만 살충제 살포가 결국 흑사병의 위험을 높이고 움막집을 망가뜨리는 루프 2와 루프 3까지 고려하면 성공이라 할 수 없다.

올리버 가스만의 매직 트라이앵글 모델

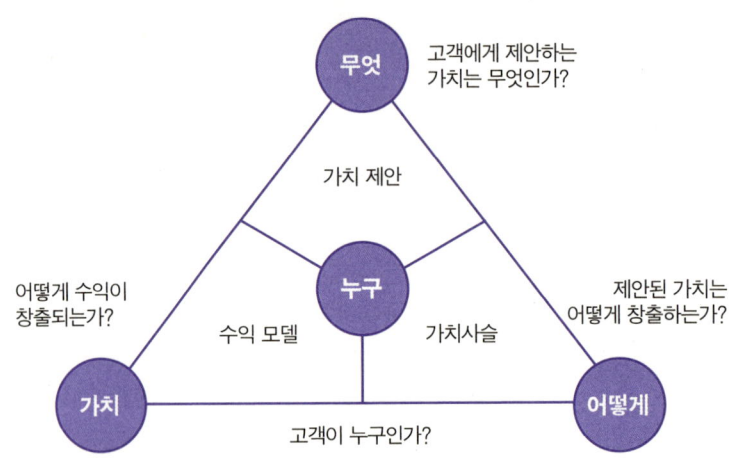

매직 트라이앵글

올리버 가스만Oliver Gassmann의 매직 트라이앵글 모델은 비즈니스 모델을 홀리스틱 관점으로 진단하기에 편리한 도구이다. 가스만은 비즈니스 모델의 구성요소를 4가지로 분류했다.[19]

1. 고객이 누구인가?
2. 고객에게 제안하는 가치는 무엇인가?
3. 제안된 가치는 어떻게 창출하는가?
4. 어떻게 수익이 창출되는가?

고객에게 제안하는 것what을 '가치 제안'이라고 한다. 즉 고객이 그 제품을 구매함으로써 얻게 되는 효익에 해당한다. 보통 '고유 판매 제안USP, Unique Selling Proposition'이라고 표현하는 부분이다. 그리고 그 가치를 어떻게How 현실에 구현하는지는 '가치사슬Value Chain'로 설명한다. 이 비즈니스 모델은 가치 제안과 가치사슬을 통해 수익모델을 실현한다. 자신의 현재 비즈니스 모델과 지향하는 미래 모습을 이 삼각형으로 표현해보면 문제가 쉽게 파악된다.

세그먼트 맵

포지셔닝 전략의 기본이라는 STPSegmenting-Targeting-Positioning 기법 중에서 세그먼팅 과정에는 통계 기법이 많이 사용된다. 집단 내부적으로는 동질성이 강하지만 집단 간의 이질성은 높은 고객 집단을 구별해낸다는 목적성 때문인 것 같다. 주로 요인분석Factor Analysis과 군집분석Cluster Analysis이 기초적인 고객 분석 도구로 쓰인다. 아마도 수많은 구매 고려 요인들을 몇 개의 그룹으로 묶어내기 위해서 요인분석이 필요했고 복수의 요인에 대해 동질성을 가지는 고객 집단을 분류하기 위해서 군집분석이 필요했기 때문인 것 같다. 물론 요인분석이나 군집분석은 종류도 다양하고 각각의 방법 자체도 빠른 속도로 발전하고 있다.

하지만 그래도 STP의 꽃은 역시 해석 능력이다. 알 리스Al Ries가 얘기했듯이 포지셔닝은 '고객의 마음을 얻기 위한 싸움The battle for

세그먼트 특성 요약

군집	군집 크기	라이프스타일 특성	고객 프로필
C1	34%	정장의 품격 중시, 튀지 않는 디자인 선호, 낮은 패션 관심, 정장 TPO 중시	정장의 역할 중시, 보수적
C2	13%	유행과 패션에 높은 관심, 자기표현 중시, 패션 정보 탐색 적극적, 쇼핑 즐김	옷은 자기표현의 수단, 패션 지향적
C3	30%	품격과 패션성 동시 만족 추구, 자신의 패션 감각에 자신감, 정장 헤비 유저	정장의 매력 추구, 활발한 사회 활동
C4	23%	정장은 유니폼이라는 인식, 패션에 관심 높음	자신만의 기준 확고

your mind'이기 때문이다. 분석된 데이터를 바탕으로 나누어진 세그먼트는 동질성이 높은 사람들의 집단이며 세그먼팅을 하는 목적은 그 집단의 공통된 생각을 읽어내는 것이다. 이 해석과정에 쓰이는 기법 중에 세그먼팅된 시장을 시각화하는 맵핑Mapping 기법이 있다. 즉 세그먼트별로 각 브랜드가 차지하는 점유율을 한눈에 볼 수 있도록 그린 뒤 각 세그먼트(클러스터)의 속성과 브랜드를 매칭시키면 타깃 세그먼트를 찾고 적절한 포지셔닝 콘셉트를 찾는 데 유용하다. 다음의 예는 모 패션 회사의 실제 리서치 데이터로 작성된 세그먼트(군집) 특성 요약표 및 세그먼트 맵이다.

다음 그림의 첫 번째 바는 전체 시장의 브랜드 점유율이고 오른쪽 넓은 사각형의 각 컬럼은 세그멘트 사이즈다. 세그먼트 컬럼마다 브랜드 점유율이 표시된다. 이 그림을 해석하는 가장 간단한 방법은 세그먼트별로 각각의 브랜드가 가지는 면적을 보는 것이다.

세그먼트 맵

	총시장	C1	C2	C3	C4
브랜드 A	12%	7%	18%	18%	8%
브랜드 B	13%				
브랜드 C	28%				
브랜드 D	17%				
브랜드 E	10%				
기타 브랜드	20%				
시장 사이즈	100%	34%	13%	30%	23%

예를 들어 브랜드 A는 총시장 점유율은 12%로 작지만 세그먼트 2(C2)와 세그먼트 3(C3)에서는 18%의 높은 점유율을 보인다. 따라서 브랜드 A의 경우 군집2와 3의 고객들에게 더 어필한다고 볼 수 있다. 이 고객들의 취향을 집중적으로 공략하는 것이 유리하다고 짐작할 수 있다. 집단의 특성을 보면 세그먼트 2는 패션지향적이 매우 높다. 세그먼트 3도 패션지향성이 높은 편이지만 세그먼트 2보다는 정장을 자주 착용한다. 브랜드의 확장을 위해서는 세그먼트 2보다는 사이즈가 큰 세그먼트 3을 더 끌어와야 한다. 따라서 브랜드의 포지셔닝의 전개 방향은 패션 이미지를 강화하되 정장 헤비 유저 그룹인 세그먼트 3에게 어필할 수 있는 쪽으로 가야 한다. 실행 전략 역시 이러한 방향성 아래 디자인 콘셉트와 상품 구성 및 광고가 통합적으로 움직여나가야 한다.

고객 세그먼팅을 하다 보면 대개 나누는 데 너무 집중한 나머지 전체 시장을 놓치는 경우가 생긴다. 세그먼트 맵은 이런 실수를 막아주고 홀리스틱한 관점으로 고객을 보게 만들어주는 편리한 도구가 된다.

뚜레쥬르의 홀리스틱 리엔지니어링

홀리스틱 관점으로 실시된 실제 사례로 CJ 그룹의 베이커리 프랜차이즈 브랜드인 뚜레쥬르의 리엔지니어링 프로젝트가 있다.

2008년 세계 경제 위기의 여파에서 벗어나지 못한 2009년 말 CJ푸드빌은 많은 도전에 직면해 있었다. 빕스, 시푸드오션, 차이나팩토리 같은 패밀리 레스토랑 브랜드들의 회복세는 더디었고 투썸플레이스는 커피 시장의 폭발적인 성장 물결에 올라탈 생각도 못하고 있었다. 뚜레쥬르도 파리바게뜨를 앞세운 SPC(주)에 밀리고 있었다. 뚜레쥬르의 성장을 가속화하기 위해서는 매장 수의 확대와 가맹점주 수익증대가 시급했다. 또한 이런 성장 드라이브를 제대로 지원하려면 제품 개발 및 생산에서 가맹점 관리 시스템까지 전면적인 개선이 필요했다. 복잡하게 얽힌 문제를 한꺼번에 그리고 동시에 해결해야 하는 높은 난이도의 과제였다.

당시 CJ푸드빌은 개별 분야의 독립된 개선 노력의 합으로 문제해결을 기대할 수 있는 상황이 아니었다. 주인의식과 성실성으로 무장하고 월화수목금금금으로 야근과 특근을 해댄다고 답이 나오는 수준이 아니었다. 시스템 전체의 혁신을 동시다발적으로 그리고 아주 빠른 속도로 이루어내야 미래를 기약할 수 있었다. '프로젝트 베스트Project BEST'는 이런 혁명적인 변화를 목표로 생산에서 물류, 판매, 커뮤니케이션에 이르는 가치사슬 전체를 아우르는 혁신프로젝트였다. 'B.E.S.T.'는 '브랜드 자산의 강화Brand equity building' '생산 및 물류의 효율 향상과 품질관리 강화Efficiency & Quality' '가맹점의 매장별 성과 향상Shop performance' '가맹점 네트워크의 양적 확대Trade expansion'라는 4대 과제의 머리글자를 의미했다.

프로젝트 승인이 떨어지고 난 뒤 B.E.S.T.의 주제별로 4명의 리더가 선정되었다. 그들을 중심으로 약 4개월에 걸쳐 네 가지 주제의 혁신이 빠른 속도로 추진되었다. 생산 효율 개선을 위해서 공장의 생산 프로세스를 개선하고 가맹점 주방에서 일어나는 생산 매뉴얼을 재구성했다. 품질 향상은 품질 평가 기준을 새로 정립하고 가맹점을 방문해서 품질을 관리하는 품질관리QC 팀의 인원을 대폭 늘림으로써 해결했다. 주문, 반품, 배달에 이르는 물류 시스템의 인프라도 재점검했다. 매장의 수익성 향상을 위해 제품 포트폴리오와 진열구조를 테스트하고 맞춤형 표준진열 배치도인 플래노그램Plan-O-Gram을 작성했다. 신제품을 늘렸고 '뽀로로'와 '구름빵' 등 각종 캐릭터를 도입하고 셀러브리티와의 컬래버레이션을 강화했다. 짧은 시간에 동시다발적으로 많은 검토와 테스트가 이루어졌고 개선 계획이 디테일하게 세워졌다.

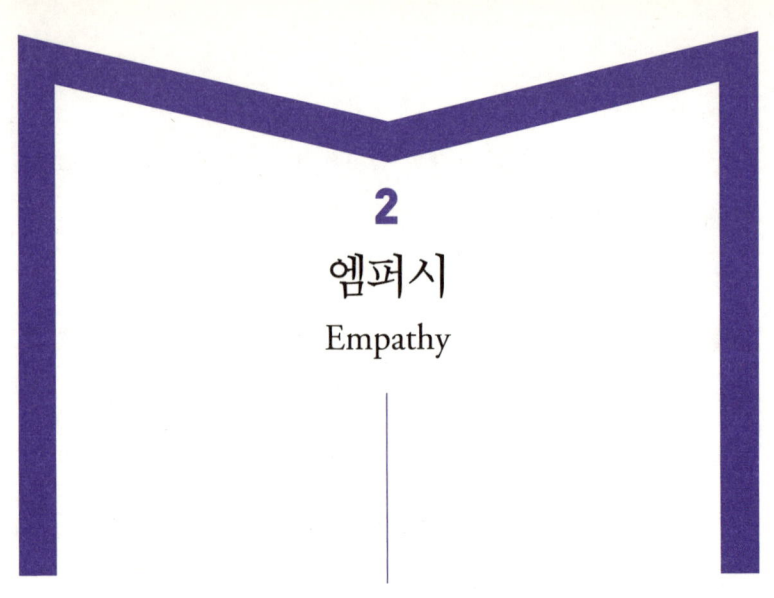

2
엠퍼시
Empathy

고객 인사이트의 파악은 성공하는 마케팅의 출발점이다. 그런데 정확한 고객 인사이트는 타깃 고객과의 깊은 정서적 공감 단계까지 가야 파악이 가능하다. 그러므로 마케터는 고객이 주부라면 주부가 좋아하는 일일 드라마에 같이 울고 웃는 팬이 되어야 하며 고객이 10대라면 10대가 열광하는 음악과 패션을 즐길 수 있어야 한다. 그럴 자신이 없다면 마케팅의 세계를 떠나는 것이 낫다.

엠퍼시와 심퍼시

상대방과 교감하는 감정 반응에 관한 영어 표현에 '엠퍼시Empathy'와 '심퍼시Sympathy'라는 두 단어가 있다. 우리말로는 '공감'과

'동감'으로 번역할 수 있을 것이다. 학계의 연구를 보면 심퍼시는 타인의 감정을 지각하는 관찰자의 관점이다. 즉 타인의 곤경에 대해 동정심을 느끼지만 그와 자신을 동일시하는 게 아니라 그의 고통을 불쌍히 여기며 바라보는 감정이다. 바버라 스턴 Barbara B. Stern은 심퍼시를 '타인의 감정에 대한 인지로써 상대의 감정에 빠져들지 않는 정서적 반응이다.'라고 정의한다.[20]

반면에 엠퍼시는 타인의 관점으로 세상을 보고 경험할 수 있는 감정이입 능력이다. 엠퍼시의 개념을 제니퍼 에스칼라스 Jennifer Escalas와 스턴은 '무의식적으로 자아와 타인의 차이를 잊고 타인의 감정 속으로 몰입되는 정서 반응'이라고 설명한다.[21] 인사이트를 찾으려면 고객을 이해하는 심퍼시 수준을 넘어 고객의 감정을 같이 느끼는 엠퍼시의 단계에 도달해야 한다.

대중문화의 경우를 보아도 엠퍼시가 고객에게 미치는 영향이 더 강력함을 알 수 있다. 이종명, 나경은, 나운봉은 K팝이라 불리는 한국 대중음악을 주제로 한 「소비자의 심리적 열광 반응과정으로서의 공감과 동감의 역할에 대한 연구」에서 엠퍼시(공감)가 심퍼시(동감)보다 고객의 열광에 더 큰 영향을 미치는 것을 발견했다. 즉 대중음악 분야에서도 열광적인 충성도를 일으키는 가장 중요한 요인은 공감이었다.[22]

리더십 분야에서는 공감을 조금 더 확장된 개념으로 보기도 한다. '감성지능' 개념을 만든 대니얼 골먼 Daniel Goleman은 공감 능력이 뛰어난 리더들을 연구한 결과 엠퍼시에는 3가지 종류가 있음을

발견했다.[23]

1. 타인의 감정을 이해하는 인지적 공감 Cognitive empathy
2. 타인의 감정을 느끼는 감정적 공감 Emotional empathy
3. 상대가 내게 원하는 것을 파악할 수 있는 공감적 염려 Empathic concern

골먼의 세 가지 공감 중에서 특히 '공감적 염려'가 흥미롭다. 마케팅 성과를 내기 위해서는 고객과의 감정이입을 통해 마음속 깊이 감춰진 니즈를 찾아내는 것이 중요하기 때문이다.

고객과 하나가 되는 공감력을 가진다는 것은 매우 어려운 일이다. 하지만 공감력은 마케터에게 꼭 필요한 능력이다.

엠퍼시 강화하기

매사추세츠 종합병원의 '공감과 관계 과학 프로그램'의 디렉터 헬렌 리스 Helen Riess는 감정적 공감 능력을 키울 수 있다는 사실을 입증했다. 그녀는 스스로의 감정을 모니터링하면서 공감 능력을 키우는 프로그램을 개발했다. 이런 훈련을 통해 상대의 감정에 몰입할 수 있다는 것이다. 하지만 마케팅 공감 능력은 병원 치료로 얻을 수 있는 것이 아니다. 마케터는 공감 능력을 강화할 방법을 강구해야 한다. 현실성이 있는 강화 방법으로 다음의 3가지를 생각해볼 수 있다.

첫째, 고객의 동선을 따라 움직이고 같은 관심사에 빠져보는 부지런함이다. 타고난 감수성이 뛰어나지 않더라도 같은 환경에서 같은 활동을 하다 보면 동감과 공감의 정도가 깊어질 수 있다. 등산을 세상에서 가장 싫어하는 이가 만드는 등산용품이 대박 상품이 될 확률은 매우 낮다. 공감 마케팅 능력을 키우고 싶다면 자신의 행동 패턴과 활동 범위를 타깃 고객과 가깝도록 바꿔야 한다.

둘째, 나를 도와줄 도구를 이용하는 것이다. 신체 능력이 약한 원시 시대의 인류가 큰 동물을 사냥할 수 있었던 것은 도구 덕분이었다. 마케터의 인사이트 사냥 도구는 정교한 통계 분석 기법을 활용하는 마케팅 리서치다. 빅데이터와 인공지능까지 동원되면서 리서치 기법은 날로 발전하고 있다. 마술을 소재로 한 영화 「나우 유 씨 미Now you see me」 2편을 보면 빅데이터로 독심술사보다 더 정확하게 인간의 심리와 행동패턴을 읽어내는 장면이 나온다. 마케팅을 잘하려면 계속 새로운 방법론을 배우고 변화를 받아들여야 한다. 인터넷과 IT 기기의 발전 덕분에 더 넓고 조밀해진 네트워크 세상에 변화에 둔감한 구식 마케터의 자리는 없다.

셋째, 고객의 공감을 일으키는 커뮤니케이션 전략의 수립과 실행이다. 고객과의 지극한 공감을 통해 제품을 개발했다고 해도 고객의 공감을 끌어낼 수 있는 커뮤니케이션이 없으면 성과가 나오기 힘들다. 커뮤니케이션 캠페인의 성공 여부도 엠퍼시에 달려 있다. 고객에게 강력한 공감을 일으키는 콘텐츠를 만드는 원리를 영화 예술을 통해서 알아보자. 영화는 대표적인 대중문화 상품으로서 그 흥행 성공 여부가 관객의 태도에 달려 있으므로 관객과의 공감대 형성에 사활을 걸게 된다. 영화는 비반복적 소비 대상이며 대체품이 없고 수명주기가 짧아서 즉각적인 공감대의 형성이 없으면 바로 외면당한다.

최낙환와 임아영은 『소비자학 연구』에 발표한 논문 「영화의 태도에 영향을 미치는 동감과 감정이입의 드라마적 요인에 관한 연구」에서 동감과 공감(이 연구에서는 엠퍼시를 '감정이입'으로 번역하고 있다)에 영향을 주는 요인을 실증적으로 분석하였다.[24] 연구에서 검증된 가설은 다음의 3가지다.

1. 등장인물 캐릭터와 영화 이미지의 부합 정도를 의미하는 캐릭터 수용성은 동감에 영향을 준다.
2. 음악의 심미성과 배우의 매력은 감정이입(엠퍼시)에 영향을 미치지만, 배경 세트 조명 등 영상의 심미성은 유의하지 않다.
3. 동감과 감정이입(엠퍼시)이 개별적으로 긍정적 영향을 미치지만, 동감이 공감에 영향을 미치기도 한다.

즉 한국 영화 관객에게는 영화의 짜임새와 캐릭터가 동감을 일으키며 음악과 배우의 매력은 감정이입(공감)을 자극하여 긍정적 태도를 형성한다. 이 발견을 마케팅 관점에서 해석해보면 다음의 두 가지 방법을 발견할 수 있다.

1. 커뮤니케이션 루트상에 감성을 자극하는 도구와 매력을 매개하는 장치를 배치하면 고객의 공감을 쉽게 얻을 수 있다.
2. 고객 이해도를 높이면 동감을 끌어낼 수 있다. 동감을 높이면 감정적 공감 형성이 강화된다.

요약하면, 논리적 설득을 통해 동감을 끌어올리고 감정적 도구를 유기적으로 사용하면 공감을 극대화할 수 있다는 의미가 된다. 효과적인 커뮤니케이션 전략은 고객과 공감하는 길을 열어준다. '고객과의 깊은 공감', 그것이 성공하는 마케팅의 출발점이다.

엠퍼시와 포지셔닝

고객과의 깊은 공감을 통해 확인한 고객 인사이트를 현실에 적용하는 가장 대표적인 방법론이 포지셔닝이다. 엠퍼시가 바탕이 되지 않은 포지셔닝은 무의미한 언어의 유희가 되거나 좌표 위에 점 찍는 도구로 전락하기 십상이다.

이렇듯 공감 마케팅의 대표적인 도구이면서도 '포지셔닝Positioning'은 오해가 많은 용어이다. 그 오해는 아마도 이 단어가 단순히 '무엇을 (특정한 위치에) 두다'는 뜻의 동사 '포지션Position'에 접미사

'ing'붙인 것으로 생각한 것에서 온 게 아닌가 싶다. 이런 자의적 해석 때문인지 많은 사람이 포지셔닝이란 말만 나오면 일단 가로축과 세로축부터 그린다.

그래도 요즘 인터넷 사전에는 포지셔닝에 대한 정의가 좀 더 구체적이고 정확한 편이다. 안타깝지만 포지셔닝은 아직 『표준국어대사전』에 올라가 있지 않다. 하지만 국립국어원의 국민 참여형 국어사전인 『우리말샘』은 포지셔닝을 '마케팅 목표를 효과적으로 달성하기 위하여 기업, 제품, 상표 등의 마케팅 대상이 잠재 고객들에게 긍정적으로 인식되도록 하는 일'이라고 정의하고 있다.[25]

원래 포지셔닝은 잭 트라우트Jack Trout와 알 리스의 공저 『포지셔닝Positioning: The battle for your mind』에서 도입한 새로운 개념이자 신조어다. 그들에 따르면 포지셔닝은 고객을 이해하고 움직이는 훌륭한 도구로서 '마음속의 윈도를 찾아내는 조직적인 방법Positioning is an organized system for finding windows in the mind.'이다.[26]

당나라 장군이 말한 포지셔닝 개념

포지셔닝이라는 단어는 새로운 것이지만 그 기본 개념은 아주 오래전부터 있어왔다. 중국 당나라 때 위국공衛國公 이정李靖이 저술했다는 병서 『이위공문대李衛公問對』에 공격과 수비에 관한 당태종唐太宗과 위국공의 토론이 나온다.

"사마법司馬法에 이르기를 '나라가 비록 크더라도 전쟁을 좋아하면 반드시 망하고 천하가 비록 평안하더라도 전쟁을 잊으면 반드시 위태롭다.' 하였으니 이 또한 공격과 수비가 한 방법인 것인가?"라는 당태종의 질문에 위국공은 이렇게 답변한다.

"나라를 소유하고 집안을 소유한 자가 어찌 일찍이 공격하고 수비하는 방도를 강구하지 않겠습니까? 다만 강구하기를 분명히 하지 못할 뿐입니다. 공격이란 적의 성을 공격하고 적의 진영을 공격함에 그칠 뿐만이 아니요, 반드시 적의 마음을 공격하는 방법이 있어야 합니다. 무릇 그 마음을 공략하는 것이란 소위 '상대를 안다'는 것이며 나의 사기를 지켜낸다는 것은 소위 말하는 '자신을 안다'는 것입니다. '먼저 적이 승리할 수 없는 조건을 만들라'는 것은 자신을 아는 것이고 '적을 이길 수 있는 기회를 기다려라'는 것은 적을 아는 것입니다. 따라서 이길 수 없는 조건은 자신에게 있으며 이길 수 있는 조건은 적에게 있습니다."[27]

위국공은 공격과 수비라는 물리적인 행동을 '사람의 마음을 공략하고 군사의 사기를 지키는 것'으로 해석하고 있다. 그에게서 포지셔닝의 향기가 난다. 오늘의 우리에게도 새로운 포지셔닝의 개념을 1,400년 전의 중국의 장군에게서 듣는 것은 참 신선하다. 게다가 그가 자기보다 1,000년 전에 살았던 병법가 손자의 글을 바탕으로 승리의 요체는 성을 빼앗는 물리적인 것이 아니며 '마음을 빼앗는 것'에 있다고 주장한 것은 더욱 놀라운 발견이다. 하늘 아래 새로운 것이 없다더니 인간의 마음을 얻는 전쟁은 참 오래전부터 있었던 것인가 보다. 고객 마케팅 분야에서 '승리'란 제품이라는 실체를 파는 것이 아니라 고객의 마음을 들여다보고 그 마음이 내 브랜드를 향하도록 하는 것이며, 그것을 가능케 하는 도구가 포지셔닝이라는 점에서 말이다.[28]

라이프스타일을 파는 서점 츠타야

전 세계를 아우르는 도서 판매의 불황 속에서 나홀로 고공 성장한 서점이 있다. 바로 '서점의 미래'라 불리는 일본의 츠타야 서점이다. 츠타야는 일본 컬처 컨비니언스 클럽ccc의 전국 브랜드로 35평 작은 대여점에서 시작해 일본 내 1,400개 매장을 갖춘 국민 브랜드로 성장했다. 츠타야 서점은 도서, 음반, DVD를 대여하던 사업 형태에서 책을 매개로 음반, 문구, 소품, 가전용품 등 다양한 생활용품을 제안하는 형태로 변모해왔다. 또한 스타벅스, 패밀리마트와의 융합매장을 통해 집객력을 높였으며 매장을 자신의 서재처럼 편안하게 머물 수 있는 공간으로 만들었다.

츠타야 서점 성공 신화의 주인공 마스다 무네아키增田 宗昭는 '고객가치의 창출'이라는 경영철학으로 서점 사업을 변모시켰다. 그는 츠타야 서점의 성공은 "서적 자체가 아니라 서적 안에 표현되어 있는 라이프스타일을 판매"했기 때문이라고 했다.[29]

마스다 무네아키는 서점을 방문하는 고객을 이해하는 수준을 넘어 고객과 깊이 공감할 수 있었던 것 같다. 그의 판단처럼 고객은 물건 그 자체가 아니라 그 제품이 제공하는 가치를 구매한다.

100년 넘게 고객 일관성을 지켜낸 코카콜라와 엠퍼시

어느 시대나 마케팅의 가장 핫한 타깃은 변화에 대한 수용력이 좋고 에너지가 넘치는 젊은이들이다. 그러나 브랜드가 그 젊은이들과 같이 나이 먹어가는 것은 경계해야 한다. 고객과 함께 늙어가는 브랜드는 결국 유한한 삶이라는 가장 인간적인 운명에서 벗어나지 못한다. 100년이 넘는 시간이 흘렀음에도 여전히 젊음을 유지하는 브랜드가 있다. 1886년 약사 존 펨버턴John Pemberton이 만든 이래 130여 년 동안 전 세계 역사상 가장 많이 사랑받은 브랜드로 기억되는 코카콜라가 그 주인공이다.[30]

코카콜라가 기존 고객의 입맛 변화를 따라 100년 동안 변신해왔다고 가정해보자. 그랬다면 오늘의 코카콜라는 어떤 모습일까? 장기 베스트셀러가 되는 브랜드는 기존 고객이 아니라 타깃 고객과 공감하는 데 집중하는 브랜드다. 어제 내 브랜드를 구입한 고객이 아니라 내 브랜드에 환호하는 오늘의 고객에 집중해야 한다. 더 이상 환호하지 않는 집단에 연연하지 말고 코카콜라처럼 새로운 고객으로 기존 고객이 떠난 자리를 메워야 한다.

고객에게 강력하게 어필하기 위해서는 공감해야 한다. 왜 이 당연한 이야기가 제대로 되지 못하는가? 그것은 그들의 입장에 서지 못하고 자신의 눈으로 그들을 이해하려 하기 때문이다. Z세대는 다이얼식 전화기를 보여주면 당황한다. 배불뚝이 브라운관 TV는 그들에게 석기시대 유물과 같다. 아날로그 세대 마케터가 Z세대를 이해하는 건 상형문자를 해독하는 수준의 난이도로 다가올 것이다.

코카콜라는 그 시대의 고객과 감정이입하는 능력을 100년간 지속해온 것이다. 그러한 공감능력이 오늘의 코카콜라 브랜드를 만들었다고 해도 지나친 말은 아닐 것이다.

MZ세대 이해하기

오늘날 젊은 고객은 소위 'MZ세대(밀레니얼-Z세대)'라 불리는 고객 집단이다. '밀레니얼 세대'는 1980년대 초(1980~1982년)부터 2000년대 초(2000~2004년)까지 출생한 세대를 일컫는다. 미국의 세대 전문가 닐 하우Neil Howe와 윌리엄 스트라우스William Strauss가 『세대들, 미국 미래의 역사 1584 to 2069』에서 처음 언급했다. Y세대라고도 불리는 이 집단은 자기표현이 강하고 온라인에 익숙하다.

이들의 다음 세대라는 의미로 Z세대로 불리는 집단은 이른바 '디지털 네이티브'들이다. 아날로그와 디지털 문화가 혼재된 환경에서 자란 밀레니얼 세대와 달리 어릴 때부터 디지털 환경에 노출되어 자랐기 때문에 정보 탐색 방법과 소비 방식이 이전 세대와 뚜렷이

다르다.

MZ세대는 이전의 어느 세대보다 분명하게 '나' 스스로에게 솔직할 수 있는 건강한 자존감을 가지고 있다. 타인의 콘텐츠를 일방적으로 수용하기보다는 자신이 콘텐츠를 생산하는 동시에 콘텐츠 소비의 포식자가 된다. 인간관계 자체보다는 취향을 중심으로 적당한 거리를 둔 담백한 관계를 추구한다. 또한 소비는 스스로의 취향과 만족을 위한 투자로 인식한다. 이러한 그들의 특성을 대학내일연구소는 『트렌드 MZ 2019』에서 '마이사이더My Sider, 실감세대實感世代, 팔로인Follow人, 가취관(가벼운 취향 위주의 관계), 소피커所speaker'라는 5가지 키워드로 요약하고 있다.

MZ세대는 '내가 진정으로 좋아하는 것은 무엇인가'가 가장 중요하다. 그래서 인싸를 아싸에 비해 긍정적인 가치로 여기지도 않고 '하지 않음'도 하나의 선택으로 본다. 행복에 대한 설문에 47.1퍼센트가 '타인과 함께하기 위해 원하는 걸 포기하는 대신 혼자 있더라도 원하는 걸 한다'는 답을 했다. MZ세대는 새롭고 낯선 것에 대한 설렘이 귀찮음을 상쇄한다. 그래서 여행도 순간적인 힐링 수준을 넘어 현지에서 한 달 살아보기와 같은 콘셉트를 선호한다. 또한 '어떻게 정보를 얻을 것인가'보다 '어떻게 정보를 판별할 것인가'에 관심이 높기 때문에 맛집 정보의 공유에 열광하고 인스타그램과 유튜브를 통한 인플루언서 마케팅에 반응한다. Z세대의 유튜브 이용률은 82.2퍼센트에 이르며 44.5퍼센트가 없으면 가장 지루해질 채널로 유튜브를 꼽았다.

취향은 이들의 가장 중요한 키워드가 된다. 그렇기 때문에 사회적 관계도 학연지연보다 취향을 중심으로 모이는 익명의 가벼운 관계를 선호한다. 따라서 취미생활은 원데이 클래스나 취향 살롱을 통해서 하며 싫어하는 것도 취향으로 존중받는 '싫존주의'를 추구한다. '소신태클' '남심 여심 아닌 나심'이란 표현처럼 참기를 미덕으로 생각하지 않으며 불편함을 뚜렷이 표현한다.『하마터면 열심히 살 뻔했다』같은 베스트셀러 제목은 이들의 소피커 기질을 잘 보여준다.[31]

3
크리에이티비티
Creativity

웹툰의 주인공으로 전략가를 그리라면 대개 날카로운 인상에 무표정한 얼굴을 상상한다. 아마도 전략이란 분야가 논리의 세상이라고 믿기 때문인 것 같다. 하지만 사실 성공적인 전략은 크리에이티비티, 즉 창의성에서 나온다. 경쟁우위 전략은 논리에서 출발하지만 창의성으로 완성된다. 그래서 전략가는 논리력의 끝판왕이면서 동시에 예술가에 버금가는 창의성의 소유자가 되어야 한다.

짜장면이냐, 짬뽕이냐?

붐비는 점심시간 회사 근처 중국요릿집에 들어간 회사원의 최고 난제는 '짜장면이냐, 짬뽕이냐?'라는 질문이다. 가장 아름다운 해결책은 아마도 '짬짜면'일 것이다. 짬짜면이 현명한 해결책인 이유는 서로 다른 그릇에 담긴 두 메뉴를 동시에 즐길 수 있다는 '공존'의 미학에 있다. 만일 짜장면을 짬뽕에 말아 '통합'을 시도했다면 그 결과는 아무도 먹지 않는 음식쓰레기가 된다. 창의의 세계와 논리의 세계도 짬짜면처럼 통합보다는 공존이 추구되어야 하는 세계다. 긴밀하게 교류하지만 서로 섞이지 않은 채 존재함으로써 의미를 지녀야 한다.

영화 「7인의 사무라이」와 「라쇼몽」으로 유명한 구로사와 아키라 黑澤明 감독은 가장 일본적인 것이 가장 세계적인 것이 될 수 있음을 보여주었다.[32] 아카데미상 4관왕에 빛나는 영화 「기생충」에는 반지하라는 공간과 짜파구리가 등장한다. 지극히 한국적인 공간과 음식으로 봉준호 감독은 세계인이 공감하는 블랙코미디를 만들었다. 가장 지역적인 것이 가장 세계적인 것이 될 수 있듯이 가장 논리적인 것은 가장 창의적인 것과 통한다. 창의의 세계와 논리의 세계는 다른 공간에 존재하지 않는다. 서로 적대적인 것은 더더욱 아니다. 창의의 세계와 논리의 세계가 서로 자유로이 오고 갈 때 논리적인 창의가 만들어진다.

창의성의 정의와 유형

창의성Creativity은 주어진 문제에 대해 새롭고 유용한 해결책을 제안할 수 있는 능력으로서 기업 혁신 전략의 핵심가치다. 모방제품과 비용 절감을 기반으로 하는 경쟁 전략이 한계에 도달한 오늘의 시장에 더욱 중요해진 능력이 창의성이다.

창의성의 정의가 확정된 것은 아니지만 창의성에는 '독창성Originality'과 '과제 적절성Adaptiveness'이라는 두 속성이 있다는 점에는 이견이 별로 없다. 이 관계를 딘 시몬튼Dean Keith Simonton은 아래와 같은 공식으로 설명하였다.[33]

창의성(C) = 독창성(O) × 과제 적절성(A)

즉 독창성과 과제 적절성 중 하나만 0이 되어도 창의성은 0이 된다는 의미로서 어떤 아이디어가 유용성은 없이 신기할 정도로 새롭기만 하다면 창의적이라고 할 수 없다는 것이다.

창의성과 유사한 의미로 쓰이는 단어에 '혁신, 기업가정신, 상상력'이 있다. 창의성은 새로운 아이디어를 생각해내고 결정하는 일인 반면에 혁신은 이 아이디어를 실행하는 것까지를 포함한다. 예를 들어 폭발적인 인기를 누릴 만한 컴퓨터 게임을 생각해내는 건 창의성이지만 실제로 그 게임을 만들어내는 건 혁신이 된다. 그리고 그 게임으로 비즈니스를 만들어가는 건 기업가정신이 된다. 상상력은 창의성과 동의어로 사용되곤 하지만 상상력은 최종 산출물을 덜 강조한다. 상상력은 머릿속에 있는 현실적 근거가 없는 단순한 환상일 수도 있다. 즉 상상력에서는 과제 적절성이 덜 강조된다.

창의성은 '어떻게(능력과 과정)' '언제 어디서(환경)' '누구(개인 혹은 집단)'에 의해 '무엇(새롭고 유용한 산출물)'을 만들어내는가 하는 것으로 파악할 수 있다. 제임스 카우프만James C. Kaufman은 이 개념을 '창의성을 개념화하기 위한 4개의 P'로 구체화하였다.[34]

1. Person(사람): 누가 창의적인가?
2. Process(과정): 어떻게 하여 창의적인가?
3. Product(산출물): 무엇이 창의적인가?
4. Place(환경): 어디에서 창의적인가?

카우프만의 4P 개념을 기반으로 조나단 플럭커Jonathan A. Plucker는 창의성을 "창의성이란 개인이나 집단이 사회적 상황 속에서 정의되는 새롭고 유용하며 지각할 수 있는 산출물을 생산하는 적성, 과정, 환경 간의 상호작용이다."라고 정의했다.[35]

또한 카우프만은 창의성의 유형을 분류하는 접근법으로 4C를 제시했다.

1. 빅 C(Big C): 천재 수준의 창의성
2. 프로 C(Pro C): 전문적인 수준의 창의성
3. 리틀 C(Little C): 일상생활의 창의성
4. 미니 C(Mini C): 개인 수준의 창의성

요리사의 경우로 4C를 구분해보자. 먼저 자기 혼자 감탄하는 수준의 창의성은 '미니 C'라 할 수 있다. 다음으로 주변 사람들에게 창의성을 인정받는 가정 요리사의 창의성은 '리틀 C'에 해당한다. 그리고 창의적인 요리를 개발하여 돈을 버는 전문 요리사는 '프로 C'이고 미국 요리학의 아버지로 불리는 제임스 비어드 James Beard[36] 처럼 직업을 혁신한 전문 요리사는 '빅 C'의 유형이라 할 수 있다. 4P와 4C의 관점을 적용하면 나의 마케팅 전략이 어떤 면에서 창의적이며 수준은 어느 정도인지를 판단할 수 있다.

기업의 창의적인 신제품 개발 능력을 '신제품 창의성'이라고 한다. 강성호, 허원무, 박경도는 '신제품 창의성'은 '기업의 신제품에 대하여 새롭고 유용한 속성을 부여하여 기업 성과를 향상시키는 마케팅 역량'으로서 다음과 같은 3가지 역할을 한다고 주장했다.

1. 혁신을 달성하기 위해서는 창의성이 필수적이다.
2. 창의성에 기반을 둔 제품 차별화는 경쟁제품 대비 독특성, 품질, 가격 대비 가치 등에서 우월한 가치를 창출하여 고객충성도를 높인다.
3. 자원기반이론 Resource Based Theory 관점에서 창의성은 기업의 중요한 무형자산으로 경쟁사의 모방을 어렵게 해 지속적인 경쟁우위를 유지할 수 있게 해준다.[37]

창의성의 유형은 그 정도에 따라 '참신적 창의성'과 '유용적 창의성'으로 나누기도 하고 '급진적 창의성'과 '점진적 창의성'으로 구분하기도 한다. '참신적 창의성' 혹은 '급진적 창의성'은 익숙한 패러다임을 바꾸어버리는 대안이므로 고객 친숙성이 낮아진다. 반면에 '유용적 창의성' 내지 '점진적 창의성'은 고객에게 친숙성은 높지만 혁신성이 약한 수준의 변화만을 불러오기 쉽다. 따라서 고객 지향성이 높을수록 창의성이 낮아지는 역설적 상황이 생길 수 있다. 이 경우 고객 친숙성을 높이려고 창의성을 낮춘다면 기업의 경쟁력이 낮아진다. 따라서 이 딜레마의 해결은 창의성을 낮추는 것이 아니라 고객이 창의성에 친숙해지도록 만드는 방향으로 전개되어야 한다.

창의성 증진을 위한 8가지 방법

대부분의 사람들은 창의성을 소수의 사람만이 가지는 축복받은 재능이라 생각한다. 하지만 창의력이 개발될 수 있다고 믿는 이들도 있다. 로버트 스턴버그Robert J. Sternberg, 제임스 카우프만James C. Kaufman, 진 프레츠Jean E. Pretz는 공저『창의성이라는 난제』에서 창의성 증진을 위한 8가지 방법을 제시하였다.

1. 반복Replication: 일요일 오후 미술관에서 유명한 그림을 따라 그리는 사람이나 반복 연구를 하는 과학자처럼 과거를 재현해 본다.

2. 재정의Redefinition: 앞으로 나아가는 발전은 아니지만 해당 영역을 새롭게 보는 시도를 한다.
3. 전진 증강Forward Incrementation: 이미 존재하는 것에 작은 변화를 준다. 나아가고 있는 방향과 같은 방향으로 가며 변화를 주므로 획기적이지는 않다.
4. 선전진 증강Advanced Forward Incrementation: 기존 영역을 인정하면서 두 단계 앞으로 나가본다. 시대를 앞선 주제의 뮤지컬이나 난해한 음악의 경우가 여기에 해당된다.
5. 방향 수정Redirection: 현재의 패러다임을 거부하고 새로운 방향으로 전환한다.
6. 재건축Reconstruction·Redirection: 전진적인 것이 아니라 뒤를 돌아보는 방식을 시도한다.
7. 재창시Reinitiation: 아직 도달하지 않은 새로운 시작점으로 이동하여 그곳에서 다시 시작한다.
8. 통합Integration·Synthesis: 다른 두 영역을 합쳐 새로운 아이디어를 창조한다. 존 웨인John Wayne 주연의 서부영화「수색자」의 플롯을 도입하고 개척 시대의 서부를 외계로 대체하여 SF영화의 상징이 된「스타워즈」가 이 경우다.[38]

창의성 증진법은 창의성의 개발 방법에 따라 3가지로 구분할 수도 있다.

1. 연합 창의성: 기존 아이디어를 새로운 방식에 연결한다.
2. 변형 창의성: 핵심적인 개념을 변화시킨다.
3. 탐구 창의성: 장르 내에서 창의적인 것을 찾는다.

새로운 패턴 찾기 – 통찰과 추상화

대니얼 카너먼Daniel Kahneman과 함께 의사결정 이론의 양대 산맥으로 꼽히는 인지과학자 게리 클라인Gary Klein은 성과의 개선은 실수를 제거하는 것에서 얻어지는 것이 아니라 새로운 패턴을 발견하는 '통찰'이 증가하는 데서 온다고 했다. 시장의 지배 법칙에 도전하고 패러다임의 전환을 시도하려면 새로운 패턴을 찾아내야 한다. 창의성 증진을 위해 새로운 패턴을 찾으려면 먼저 본질에 접근해야 한다.

그 방법으로 로버트 루트번스타인Robert Root-Bernstein과 미셸 루트번스타인Michele M. Root-Bernstein은 공저 『생각의 탄생』에서 '추상화抽象化, Abstraction' 기법을 이야기한다.[39] 추상화는 개별적인 사물이나 구체적인 개념으로부터 공통 요소를 뽑아 일반적인 개념으로 파악하여 본질을 드러내는 방법이다. 하나의 문제를 여러 개로 쪼개서 보는 '문제 분할'과 반대되는 접근이다. 즉 필요한 부분만 취하고 불필요한 부분을 제거하여 간결하게 표현하는 작업이다. 주제에 관한 다양한 특성과 특징을 하나로 통합하는 방향성을 가지므로 복잡한 문제를 이해하거나 본질적인 문제를 잡아내는 데 유용하다.

마케팅 전략가에게 창의성이란 것은 '혁신적인 아이디어'의 원천일 뿐만 아니라 '전략의 혁신'에 가장 중요한 자산이다. 특히 강자가 지배하는 게임의 룰을 바꿔야 하는 약자에게 창의성은 너무나 중요한 자산이다. 하지만 창의성을 강조하느라 팩트를 무시하면 곤란하다. 세계적인 베스트셀러 작가들은 팩트체크를 위해 공을 많이 들인다. 영화로도 성공한 걸작 추리소설『자칼의 날』의 저자 프레더릭 포사이스Frederick Forsyth는 치밀한 조사를 하기로 유명하다. 덕분에 그의 소설은 허구인지 사실인지 구분이 안 될 정도의 생생함으로 독자를 사로잡는다. 팩트에 근거해야 할 마케터의 세계에서 전략이라 명명한 허술한 삼류 소설을 만나는 건 비극이다. 진지한 마케터라면 자신의 상상과 편견을 모아 전략이라 부르는 상황을 용납해서는 안 된다. 과학적인 방법과 근거 있는 정보가 바탕이 되는 창의성만이 훌륭한 전략을 탄생시킬 수 있다.

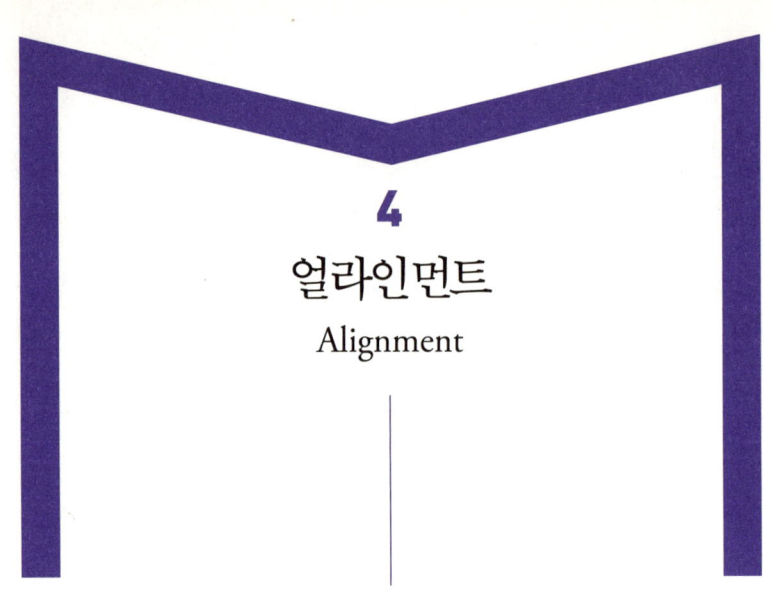

4
얼라인먼트
Alignment

 스포츠 선수라면 누구나 국가대표팀의 일원이 되어 전 국민의 응원을 받는 꿈을 꾼다. 그런데 국가대표팀이 항상 클럽팀을 이기는 것은 아니다. 스타 선수들을 모아놓는 것만으로 강력한 시너지가 발휘되는 것은 아니기 때문이다. 세계적인 명성을 가진 오케스트라를 소개할 때면 지휘자의 이름이 먼저 등장한다. 최고 수준의 연주자들이 모여 있더라도 모두를 조율하는 지휘자가 없다면 연주 자체가 불가능하기 때문이다.
 훌륭한 전략이 있어도 성과는 실행 품질이 좌우한다. 그리고 높은 실행 품질은 각 기능 간의 유기적인 연결과 통합의 시너지가 만든다. 이러한 통합 시너지를 추구하는 원칙이 '얼라인먼트'다.

핵심 경쟁우위로서의 얼라인먼트

웹스터 사전은 '얼라인먼트Alignment'를 '얼라인하는 행동 혹은 얼라인되어 있는 상태the act of aligning or state of being aligned'라고 풀이한다.[40] 얼라인은 '조정하다, 가지런히 하다'의 뜻을 가진 동사다. 얼라인먼트의 개념은 생각보다 자주 우리 일상에서 발견된다. 좋은 자세란 머리, 어깨, 척추, 무릎, 발목이 잘 얼라인된 상태를 말한다. 휠 얼라인먼트는 자동차의 네 바퀴와 서스펜션을 가지런하게 하는 것을 의미한다.

비즈니스 분야에서도 변화하는 환경에 대응하고 자원 활용을 효과적으로 하려면 얼라인먼트가 잘되어야 한다. 아무리 계획이 완벽해도 얼라인먼트가 부족하면 실제 성과로 이어지기 어렵다. 마케팅은 여러 기능과의 협업을 통해 전략을 현실로 옮기는 과정이기에 얼라인먼트가 성공의 필수 조건이 된다. 토마스 파월Thomas C. Powell은 『전략경영저널』에 발표한 자신의 논문에서 조직의 얼라인먼트Organizational Alignment가 기업의 핵심적인 경쟁우위 요인Critical Competitive Advantage이 된다고 주장했다.[41]

군사 작전으로 본 얼라인먼트

얼라인먼트는 군사 작전 분야에서 특히 중요하게 다루어진다. 세계적으로 유명한 2건의 인질 구출 작전을 통해 얼라인먼트의 중요성을 알아보자.

선더볼트 작전

1976년 6월 27일 이스라엘 텔아비브의 로드 공항(현 벤구리온 국제공항)을 떠나 파리로 향하던 에어프랑스 소속 여객기 AF139가 중간 기착지인 아테네에서 피랍되었다. 승객 254명이 탑승하고 있던 이 여객기는 리비아의 벵가지 공항에서 재급유를 받은 뒤 우간다 엔테베 공항으로 향했다. 테러범들은 동료 테러범 53명을 석방하라는 요구를 했지만 이스라엘은 협상 대신 진압을 결정했다. 현지 시각으로 1976년 7월 3일 24시 C130 수송기 한 대가 엔테베 공항에 착륙했다. '선더볼트 작전Operation Thunderbolt'으로 명명된 인질 구출 작전을 수행할 이스라엘 특수전 부대 사예렛 마트칼 대원들을 태운 비행기였다. 부대원들은 순식간에 테러범들을 사살하고 인질을 구출했다. 안타깝게도 작전을 지휘한 요나단 네타냐후 중령과 인질 3명이 사망하였으나 나머지 인질은 무사히 구출되었다.

이스라엘은 이 선더볼트 작전의 성공을 통해 그동안 군사 이론상으로만 논의되어온 대규모 인질 구출 작전이 실제로 성공 가능함을 증명하였다. 이 구출 작전은 과감한 기습으로 유명하지만 그 성공의 이면에는 완벽한 얼라인먼트가 있었다. 엔테베 작전은 작전 계획의 수립에서 일사불란한 작전 수행까지 잘 조율된 작전의 전형을 보여준다. 반면에 미스얼라인먼트Misalignment의 전형적인 예는 미국이 이란 인질 구출 목적으로 1980년 4월 24일에서 25일에 걸쳐 수행한 '이글 클로 작전'이다.

이글 클로 작전

이란의 팔레비 왕조는 1978년에 발발한 반정부 시위로 무너지고 1979년 초 팔레비 Mohammad Reza Pahlavi 왕은 미국으로 망명한다. 그 후 이란에서는 팔레비 왕의 망명을 허용한 미국에 대한 반감이 커져갔다. 결국 팔레비 왕의 신병인도를 요구하던 과격파 학생 시위대가 1979년 11월 테헤란의 미국대사관을 점령하고 외교관을 인질로 억류하는 사태가 벌어졌다. 1980년 4월 미국의 카터 대통령은 이들을 구출하는 '이글 클로 작전 Operation Eagle Claw'의 실행을 승인했다. 이 작전은 미국 육해공 3군의 합동 작전으로서 대사관 공격은 델타포스, 외무성 건물 진입은 그린베레 알파분견대, 집결지 장악은 육군 레인저 부대가 맡기로 했다. 작전개요는 테헤란 남서쪽 '데저트 원'에서 8대의 RH-53D 헬기에 탑승한 공격조가 '데저트 투'로 이동한 뒤 대사관과 외무성을 동시에 공격하여 인질을 구출한 뒤 탈출한다는 것이었다.

그러나 현장에 도착해서 전개된 양상은 계획과 전혀 달랐다. 레인저 대원들은 '데저트 원'에서 지나가던 유조트럭을 폭파시켜 자신들을 노출시켰다. 게다가 버스에 탄 민간인들 44명에게 발각되자 보안을 위해 억류했다. 8대의 헬기는 모래바람 속 야간비행으로 고전하다 90분 늦게 6대만 도착했는데 그나마 그중 2호기는 고장이 났다. 조종사는 고장난 헬기의 작전 투입을 거부했고 지상군 리더는 부족한 수의 헬기로 작전을 전개하는 것을 거부했다. 이들은 대통령의 작전 취소 결정을 기다리며 적지에서 멍하니 2시간 반을 대기했다. 엎친 데 덮친 격으로 작전을 취소하고 복귀하던 헬기 한 대가 EC130 급유기와 충돌하는 사고마저 벌어졌다. 헬기를 파괴하고 수송기로 철수하라는 명령도 제대로 수행되지 않았다. 다음 날 이란군은 남겨진 미군 헬기와 장비를 입수했고 작전의 세부 계획이 담긴 서류도 발견했다. 시작도 못 한 채 사상자만 발생한 구출 작전은 결국 엄청난 실패의 역사로 남았다. 인질들은 그 후 444일의 억류 끝에 레이건 대통령의 취임식이 열린 1981년 1월 20일 석방됐다.[42]

3년 전의 전설적인 엔테베 구출 작전과 비교해볼 때 미국의 이란 인질 구출 작전의 실패는 시사하는 바가 크다. 작전 실패의 원인을 헬기 고장 문제로만 돌릴 수는 없다. 그렇다고 이스라엘 특수부대원 개개인의 전투력이 델타포스 요원보다 우수했기 때문이라고 할 수도 없다. 작전 실패의 근본적인 문제는 허술한 작전 자체뿐만 아니라 작전 수행의 얼라인먼트가 엉망이었다는 점이다. 실전 투입 후 상황 변화에 따라 유연하게 대처하는 모습도 부족했다. 현장 지휘자가 본국의 결정을 기다리며 시간을 허송하고 장비와 기밀정보를 방치하여 작전의 실체를 들킨 것은 미스얼라인먼트의 극치였다. 구출 작전의 실패 이후 통합 특수전사령부 USSOCOM[43]를 창설한 것을 보면 미국 정부도 이 작전 실패의 근본 원인이 얼라인먼트에 있다고 판단한 것 같다.

기업의 얼라인먼트 진단 및 강화

전장에서만 얼라인먼트가 중요한 것은 아니다. 비즈니스 현장을 지휘하는 경영자들도 기업 전반의 기능과 기업의 목적을 잘 얼라인 시켜야 한다. 기업 조직의 얼라인먼트 향상에 관한 연구를 해온 조나단 트레버Jonathan Trever와 배리 바르코Barry Varcoe는 조직의 얼라인먼트의 진단을 위한 5가지 요인으로 '기업의 목적, 비즈니스 전략, 조직 능력, 자원 구조, 경영 시스템'을 제시하였다.[44]

트레버와 바르코는 다음과 같은 질문을 던져봄으로써 자기 조직의 얼라인먼트 수준을 진단할 수 있다고 하였다.

전략적 얼라인먼트가 이루어진 기업을 만드는 5가지 요인

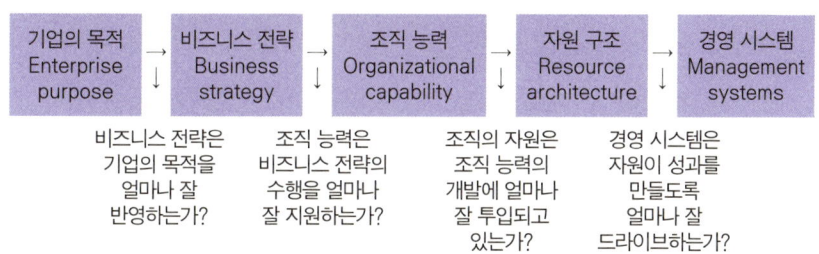

1. 우리는 무엇을 하고 있으며, 왜 하는가?What do we do and why do we do it?

2. 우리는 무엇을 달성하려 하는가?What are we trying to win at to fulfill our purpose?

3. 무엇을 잘해야 승리할 수 있는가?What do we need to be good at to win?

4. 우리의 장점은 무엇인가?What makes us good? And how good are we?

5. 성공적인 성과를 달성하려면 무엇을 해야 하는가?What delivers the winning performance we need?

개리 닐슨Gary L. Neilson, 칼라 마틴Karla Martin, 엘리자베스 파워스 Elizabeth T. Powers는 250여 개 기업의 성공사례 연구를 통해 '의사결정권의 명확화, 정보 흐름의 설계, 동기부여 장치 배치, 조직 구조 변화'라는 4가지 얼라인먼트 강화요인을 제시하였다. 닐슨에 따르면 성공적인 기업 전략 실행의 첫걸음은 의사결정권을 명확하게 하고 적재적소로 정보가 흐르게 하는 것이다. 이 두 가지가 제대로 이루어지면 기업에 필요한 조직 구조와 동기부여 장치가 무엇인지는 저절로 드러난다는 것이다.[45]

마케팅 매뉴얼과 얼라인먼트

얼라인먼트 수준 진단도 중요하지만 마케터에게 실제로 필요한 것은 얼라인먼트 달성을 위한 실행도구다. 그렇지만 이름난 마케팅 강의에서도 실행에 관한 이야기는 별로 하지 않는다. 화려한 시작과 달리 실행 단계를 이야기해야 하는 후반부가 되면 유명 회사의 잘 알려진 사례를 보여주며 잘 따라 해보라는 식으로 마무리된다. "아마존은 이렇게 했다더라." "구글을 따라 해보라." "애플은 또 얼마나 잘했던가." 누구나 감탄할 만한 성공사례이다. 하지만 '카더라' 수준의 지식으로 진검승부를 위한 실행 능력을 키울 수 있을지는 의문이다.

성공 스토리의 결과만 보고 비법을 터득했다고 믿는 것은 위험한 희망사항일 뿐이다. 높은 품질의 실행력이 발휘되지 않는다면 전략은 그저 허망한 말잔치로 끝나고 만다. 각자의 능력을 최대한 발휘하여 같은 목표를 향해 달리는 실행력이 성공을 가져온다. 이것이 얼라인먼트가 중요한 이유다. 그래서 마케팅의 역사가 오래된 글로벌 기업들은 마케팅 실행 매뉴얼로 얼라인먼트 문제를 해결한다.

S.C.존슨의 포지셔닝 기술서

1886년 설립된 세계적인 가정용품 회사 S.C.존슨은 5대째 이어진 가족기업이라는 특이한 이력을 가지고 있다. 이 회사는 환경보호의 선도 기업이자 공유가치창출CSV의 대표적인 기업으로 유명하다. 마케팅 구루 코틀러 교수도 저서 『마켓 3.0』에서 이 회사의 사례를 여러 차례 소개했다. 우리나라에서도 1990년대 초에 국내 최초로 환경보호헌장을 발표하였고 포장재 줄이기와 오존층 보호를 위한 프레온가스 퇴출 등 환경운동을 선도적으로 해왔다. '우리는 S.C.존슨입니다. 더 나은 세상을 위해 일하는 가족 회사. 우리는 삶을 개선하기 위해 제품을 만듭니다.'라는 이 회사의 홈페이지 첫 대목이 회사의 철학을 말해준다.

  S.C.존슨의 글로벌 진출 전략은 현지화에 초점을 맞추고 있다. 그러다 보니 문화와 언어의 차이를 극복해야 하는 어려움이 있다. 이러한 필요에 의해 이들은 오래전에 이미 마케팅 프로세스와 도구를 표준화하였다. 물론 그 표준화 매뉴얼은 미국 본사 주도로 개발했지만 전 세계 어느 나라에서도 즉각 사용할 수 있도록 단순화되어 있다. 대표적인 예로 '포지셔닝 기술서Positioning Statement'가 있다. 이 기술서는 브랜드 포지셔닝을 '(타깃 고객 A)에게 (고객 효익 제공의 근거 B)로 (고객 효익 C)를 만족시키는 (브랜드 X)는 (시장 D)에 속한다.'라는 한 문장으로 요약한다. '타깃 고객'은 인구통계 속성뿐만 아니라 사회, 정치, 문화, 도덕적 태도, 소비 행동 특성, 라이프스타일, 제품 사용 습관과 사용 태도까지 고려한다. '고객 효익 제공의 근거Reason to Believe'는 고객이 우리의 주장이 실현 가능한 것임을 신뢰할 수 있게 하는 모든 증거를 의미한다. '시장'은 내 제품이 확

장될 수 있는 최대 범위를 말하는데 '준거 틀Frame of Reference'로 표현하기도 한다. 이러한 표준 형식을 공통으로 사용하면 전 세계 자회사의 마케팅 언어가 통일되는 효과가 생기며 초보 마케터들도 일을 빨리 배울 수 있다.

디아지오의 마케팅 매뉴얼 DWBB

낯선 사업에 새로 진출한 기업이나 스타트업에는 마케팅 매뉴얼이 없는 것이 일반적이다. 이런 경우에는 어떻게 해야 할까? 쉬운 대책은 다른 회사 매뉴얼을 빌려 쓰는 것이다. 하지만 아무리 뛰어난 매뉴얼이라도 기업문화가 다르면 무용지물이 될 수 있다는 문제가 있다. 하지만 좌절할 필요는 없다. 스스로의 힘만으로도 좋은 프로세스는 얼마든지 만들 수 있다.

세계 최대 주류회사인 디아지오는 굵직한 주류 회사들의 인수합병을 통해 탄생했다. 그러나 굵직한 주류 회사들의 합병으로 만들어진 드림팀은 용어와 절차가 너무 달라서 소통의 문제가 컸다. 그래서 그들은 사내 언어를 하나로 통일하기 위한 매뉴얼을 스스로의 힘으로 만들었다. 그 매뉴얼의 이름이 디아지오 브랜드 빌딩 웨이 **DWBB, Diageo Way of Brand Building**였다. 그들은 합병된 각 회사 매뉴얼에서 장점을 취하여 통합법인을 위한 새로운 매뉴얼을 자기들 손으로 직접 개발하였다. 그리고 전 세계 수백 개 자회사 직원들에게 교육과 실습을 실시하여 매뉴얼을 기업문화화했다. 더욱 놀라운 것은 전 세계를 돌며 매뉴얼 교육을 담당한 사람들이 전임 강사가 아니라 업무 현장의 직원들이었다. 그들은 디아지오 브랜드 빌딩 웨이 **DWBB**의 특정 주제에 대한 사내강사 교육을 받은 뒤 자신에게 할당된 조직을 교육하는 데 투입되었다. 교육 출장을 다녀온 다음 날에는 당연히 원래 업무로 복귀했다. 이렇게 매뉴얼을 만들고 교육하는 과정에 사용자가 직접 참여함으로써 수용도가 높아졌다.

매뉴얼화라는 것은 멋진 말과 화려한 도표의 향연이 아니다. 디아지오의 예에서 보듯이 외부 전문가의 도움 없이도 만들 수 있다. 중요한 것은 마케팅 얼라인먼트에 대한 이해, 열정, 그리고 실행 의지다.

3장

약자의 마케팅 전략
MCMD

1
전략을 위한 전략

예측 가능성에 따른 4가지 마케팅 전략

'전략에는 전략이 필요하다.'

조금은 엉뚱하게 들리는 이 문장은 마틴 리브스Martin Reeves, 클레어 러브Claire Love, 필립 틸만스Philipp Tillmanns가 『하버드 비즈니스 리뷰』에 기고한 논문의 제목이다. 그들은 전략을 전략적으로 수립하기 위해서 스스로에게 두 질문을 던져보라고 한다.

1. 당신은 예측 불가능한 환경 속에 있는가?
2. 당신은 환경을 바꿀 힘을 가지고 있는가?

그들은 이 두 질문에 대한 답으로 4가지 전략을 제시하였다.[46]

1. 전통 전략

사업 환경 변화 예측은 가능하지만 기업이 그 변화를 바꿀 수 없는 경우. 자원과 역량을 최대한 활용해서 최상의 결과를 지향한다. 엑슨 모빌이나 로열 더치 쉘 같은 석유기업이 대표적이다.

2. 적응 전략

시장 환경과 기술 변화 예측이 불가능한 환경. 단기계획에 집중하면서 상황 변화에 맞춰 수시로 수정하는 유연성을 가져야 한다. 스페인의 패션기업 '자라Zara'는 디자인에서 제품의 매장 배치까지 걸리는 기간을 2~3주로 줄여 시장 수요의 변화에 유연하게 대처했다.

3. 재편 전략

진입 장벽이 낮고 혁신이 빠르게 일어나는 산업. 환경을 회사에 유리하도록 재편하는 것을 목표로 삼는다.

4. 비전 전략

예측 가능한 환경이고 기업이 환경을 바꿀 힘이 있는 경우. 내가 개척하고 남이 따라오게 한다.

경쟁 위상에 따른 4가지 마케팅 전략

알 리스와 잭 트라우트는 『마케팅 전쟁』에서 각 브랜드의 경쟁적 위상에 따른 맞춤 전략 4가지를 제시했다.[47]

1. 공격적인 방어전

지배적인 점유율을 지켜내야 하는 독점적 리더의 전략. 품질 개선과 지속적인 연구개발 투자를 통해 현재의 시장 우위를 유지한다. 경쟁의 새로운 시도는 무시하거나 모방하여 차별점을 무력화한다.

2. 최대의 공격전

강력하지만 시장을 지배하지는 못하는 2위의 전략. 약자를 공격하기보다는 마켓 리더의 약점을 찾아 공격전을 펼친다.

3. 측면공격

약자이지만 완전히 지배당하지는 않는 플레이어의 전략. 강한 경쟁자가 없는 영역에 대한 기습공격이 유리하다. 자신의 우월한 속성을 강조하거나 선도 브랜드의 약점을 부각한다.

4. 게릴라 전법

시장 내 최약체에게 적합한 전략. 지배를 벗어나는 것이 급선무다. 새로운 속성을 추가하거나 경쟁보다 우수한 속성을 추가하여 작은 연못 속의 큰 고기로 생존한다.

플랫폼 산업의 후발주자를 위한 5가지 추격 전략

요즘 가장 뜨거운 분야의 하나인 플랫폼 산업에서는 종종 약자의 역전이 벌어진다. 노스이스턴 대학교의 페르난도 수아레즈Fernando F. Suarez 교수는 『슬로언 매니지먼트 리뷰SMR』에 발표한 「플랫폼 강자 몰아내기」에서 후발주자가 선두를 뺏는 5가지 마케팅 전략을 제시했다.[48]

1. 기존 플랫폼 덮어버리기

1994년 출시된 인터넷 웹브라우저 넷스케이프 네비게이터는 폭발적인 인기를 얻으며 시장의 지배자가 되었다. 그러나 1995년 마이크로소프트가 인터넷 익스플로러를 출시하고 MS 윈도에 무료로 추가하자 추락의 길을 걷기 시작했다. MS는 윈도 사용자에게 더 이상 네비게이터를 다운받을 필요가 없게 만들어 시장의 지배자를 퇴출시켰다.

2. 소외된 세그먼트 집중 공략

지배적인 플랫폼에서 제대로 된 서비스를 받지 못하고 있는 사용자 집단에 집중하는 방법이다. 애플이 뛰어들었을 때 스마트폰은 블랙베리가 주도하는 기업 구매 시장 중심이었다. 후발주자인 애플은 당시로서는 충분한 서비스를 받지 못하는 시장 영역, 즉 일반 고객 시장을 공략해 고객층을 확대했다.

3. 레버리징

자신이 보유한 기존 플랫폼을 이용해 새로운 플랫폼의 관심을 유도한다. 두 플랫폼의 매력을 모두 향상하는 전략이다.

4. 미래수요 집중

현재 고객이 중요시하는 요소가 아니라 미래에 수요를 발생시킬 요소에 집중한 차별화다.

5. 상호 협력 파트너십

파트너에게 사업 기회를 제공하여 공동 전선을 펴는 방법이다. 애플은 아이폰용 앱 개발자들의 접근을 쉽게 하여 단기간에 자신들만의 생태계를 만들 수 있었다.

마켓 리더의 시장 방어 전략

경쟁 시장에서 신규진입자는 마켓 리더의 골칫거리다. 새로운 브랜드의 진입은 경쟁 구조를 바꾸므로 마켓 리더는 그 변화에 미리 대비해야 한다. 신규진입자의 시장 참여가 만드는 경쟁 다이내믹스의 변화는 아래의 4가지 원리로 설명한다.

1. 유사성 원칙

과거에는 시장에 새로운 브랜드가 시장에 진입하면 기존 브랜드들의 점유율이 이전의 점유율에 비례해서 감소하는 '비례성 원칙'이 적용된다고 생각했다. 그러나 현실에서는 비례성이 존재하지 않는 경우가 종종 발생한다. 그래서 등장한 것이 '유사성 원칙Similarity'이다. 신규 브랜드와 유사성이 높은 브랜드일수록 신규 브랜드에 의해 잠식되는 정도가 작다.

2. 유인효과

신규 브랜드가 진입했을 때 특정 브랜드의 점유율이 오히려 높아지는 현상은 '유인효과Attraction Effect'로 설명한다. 이는 신규 브랜드가 기존 브랜드를 잠식하는 게 아니라 오히려 매력도를 높인다는 의미이다. 유인효과는 신규 브랜드 대비 모든 속성이 다 우월한 지배자 브랜드가 존재할 때 발생한다. 이 경우 신규 브랜드의 열등함이 지배자 브랜드의 매력도를 이전보다 높인다.[49]

3. 타협효과

만일 신규 브랜드가 열등하지 않고 대등한 경쟁관계에 있다면 유인효과가 아니라 '타협효과Compromise Effect'가 발생한다. 즉 경쟁 관계의 브랜드 중 중간 브랜드가 선택된다. 아모스 트버스키Amos Tversky와 이타마르 시몬슨Itamar Simonson의 연구에 따르면 매우 강한 차별점을 가진 신제품이 진입할 때 고객은 극단적인 대안을 회피하고 중간적인 대안을 선택하는 경향이 있다. 이러한 극단 회피 경향이 타협효과를 일으킨다.[50]

4. 카테고리 대표성

자신이 속한 카테고리를 대표하는 전형성은 마켓 리더에게 유리하게 작용한다. 기본적으로 고객은 아직 경험해보지 못한 신제품이나 신기술 채택을 기피하는 위험 회피 성향이 있다. 따라서 고객에게 카테고리를 대표하는 브랜드는 위험을 줄이는 선택이 된다. 예를 들어 매장에서 쇼핑 중인 고객에게 코카콜라와 크리넥스는 위험이 거의 없는 선택이 된다.

마켓 리더는 카테고리 대표성이라는 자연적인 방어력을 가지고 있다. 그 위에 신규 브랜드와의 유사성이 높고 지배력까지 있다면 그 방어력은 더욱 강해진다. 원지성은 논문 「행동경제학에 기초한 포지셔닝 개념 분석」에서 경쟁에 대응하는 마켓 리더의 대안으로 지배력의 유지와 유사성의 증대를 위한 2가지 방법을 다음과 같이 제시하였다.[51]

1. 고객이 후발 진입자의 상대적 우위를 중요한 것으로 여기지 않게 유도한다. (마켓 리더의 지배력의 유지)
2. 후발 진입자의 속성이 뛰어나다면 적극적으로 모방해서 경쟁 우위를 무력화한다. (후발진입자와의 유사성 증대)

전략 수행 성공을 위한 7가지 실행 원칙

훌륭한 전략도 효과적인 실행 없이는 성공을 장담하기 어렵다. 마이클 맨킨스Michael C. Mankins와 리처드 스틸Richard Steele은 「위대한 전략을 위대한 성과로 연결하라」에서 성과를 가져오는 7가지 전략 실행 원칙을 제시하였다.[52]

1. 간단하고 확실하게 하라
2. 예측하지 말고 토론하라
3. 모두가 알아듣는 언어로 이야기하라
4. 자원 배치 문제는 빨리 논의하라
5. 우선순위를 명확하게 하라
6. 지속적으로 성과를 모니터링하라
7. 실행 능력을 보상하고 개발하라

부지피부지기 매전필태

『손자병법』에 나온다는 '지피지기 백전백승知彼知己 百戰不殆'이란 말대로 된다면 승리는 별로 어려울 것이 없어 보인다. 하지만『손자병법』어디에도 '지피지기 백전백승'이란 말은 나오지 않는다. 지피지기 백전백승이란 말은 상식적으로 생각해봐도 좀 이상하다. 상대의 장단점을 잘 안다고 하더라도 왜소한 일반인이 거구의 UFC 챔피언을 이길 확률은 아주 낮을 수밖에 없는데 백전백승이라니?

대병법가인 손자가 정말 이런 허술한 논리를 전개했을까? 그가 '백전백승'이란 말을 하기는 했다. 그러나 '백전백승이 꼭 훌륭한 일이 아니고 싸우지 않고 이기는 것이 최선이다百戰百勝 非善之善者也 不戰而屈人之兵 善之善者也.'라는 대목에서 한 말이니 사뭇 뉘앙스가 다르다. 그럼 도대체 왜 이런 오류가 생겼을까?

아마도「모공편謀攻篇」에 나오는 '지피지기 백전불태, 부지피이지기 일승일부, 부지피부지기 매전필태知彼知己 百戰不殆, 不知彼而知己 一勝一負, 不知彼不知己 每戰必殆'의 첫 구절이 와전된 게 아닌가 한다. 이 대목에서 손자는 세 가지 경우로 설명하고 있다. 첫 구절의 '백전불태'는 백전백승 같은 무리한 논리를 펴는 대신 '적과 자기 자신을 제대로 알면 위험을 최소화할 수 있다'는 합리적인 결론을 내린 것이다. 두 번째의 '일승일부'는 '자신은 아는데 적을 잘 모르면 승률이 반반이니 이길지 질지 모른다. 그리고 세 번째 구절 '매전필태'는 '적도 자기 자신도 잘 모르면 싸울 때마다 위태롭다'는 뜻이다.

사실 적을 제대로 안다는 것은 매우 힘든 일이며 자기 자신의 경쟁력과 열등함을 냉정히 인식한다는 것도 쉬운 일이 아니다. 그러나 '피아에 관해 아무것도 모르고 있다'는 사실은 쉽게 확인할 수 있고 그것을 깨달았을 때는 경계심을 가져야 한다는 것은 현실적인 지침이 될 수 있다. 어설픈 자기 평가와 적에 대한 과소 혹은 과대평가가 불러오는 비극은 동서고금의 역사에 차고 넘칠 만큼 많다. 백전백승의 백일몽을 꾸는 것보다는 '매전필태'의 상황에 이르지 않도록 하는 경계심과 겸허한 현실 인식을 가져야 할 것이다. 전략의 수립에서도 오만은 언제나 승리의 적이다.

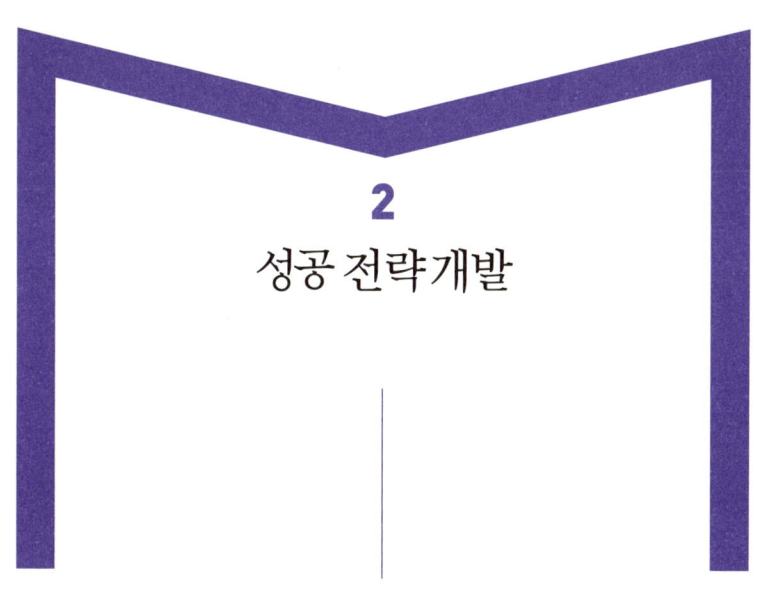

2
성공 전략개발

게임의 룰을 깨는 5가지 방법론

"게임의 룰을 바꿔라!"

전략에 관한 이야기에 꼭 한 번은 등장하는 표현이다. 멋지고 가슴 뭉클한 이야기다. 하지만 누가 무엇을 어떻게 바꿔야 할지를 구체화하지 않는다면 그저 듣기에만 그럴듯한 조언에 지나지 않는다. 경영 전략의 대가 콘스탄티노스 마르키데스_{Constantinos C. Markides}는 『슬로언 매니지먼트 리뷰_{SMR}』에 기고한 「전략의 혁신」에서 "기업은 게임의 룰을 깨뜨리고 경쟁하는 새로운 방법을 생각해냄으로써 자신의 비즈니스를 전략적으로 재정의하여 강한 경쟁자의 의표를 찌를 수 있다"고 하면서 그 수단으로 5가지 방법론을 제시했다.[53]

1. 업의 본질을 재정의하라 Redefine the business.
2. 고객을 재정의하라 Redefine the 'who'.
3. 니즈의 만족을 위해 무엇을 제공하는지를 재정의하라 Redefine the 'what'.
4. 핵심 경쟁력을 어떻게 사용할 것인지를 재정의하라 Redefine the 'how'.
5. 관점을 바꿔서 생각하라 Start the thinking process at different points.

강자의 게임의 룰로 움직이는 시장에서 무작정 따라 하기는 승산이 없다. 약자는 강자 따라 하기를 목표로 하는 대신 자신의 핵심 경쟁력을 재정의해야 한다. 강자가 정한 게임의 룰에 도전하지 않는 약자는 언제까지나 약자의 자리에 있을 수밖에 없다.

직관적인 전략 개발 도구 – MCMD 프레임워크

하버드 비즈니스 스쿨의 신시아 몽고메리 Cynthia A. Montgomery 교수는 가장 경계해야 할 것은 불분명한 전략이라고 이야기한다.

"훌륭한 목적이 훌륭한 전략은 아니다. 훌륭한 전략이란 열정이나 꿈을 넘어서는 것이다. 간략하고 명확하게 요약할 수 없다면 이는 불분명하고 난해한 전략이라는 신호다. 고객이 배제된 전략과 공허한 표현과 모호하고 포괄적인 내용의 전략이 가장 흔한 전략가의 실수다."[54]

약자를 위한 마케팅 전략도 직관적이고 실천적이어야 한다. 현장에 바로 적용할 수 있는 방법의 하나로 'MCMD 프레임워크'를 소개한다. 약자가 강자와 싸워 이기려면 강자의 경기장과 강자가 지배하는 게임의 룰에서 벗어나야 한다. 약자가 '경기장'에서 벗어나고 '게임의 룰'에 변화를 주는 방법은 '만들고Make, 바꾸고Change, 이동하고Move, 나누는Divide' 4가지가 있다. 이 4가지 방법의 영어 머리글자를 딴 것이 'MCMD 프레임워크'이다.[55]

직관적인 전략 결정 도구인 MCMD 프레임워크를 스포츠 경기로 비유해보면 아래와 같다.

MCMD 프레임워크 – 스포츠 경기 관점

		게임의 룰	
		새로운 게임	다른 게임
경기장	새로운 경기장	메이크 – 새로운 종목 개발 – 전용 경기장 건설	무브 – 다른 종목 진출 – 해당 경기장으로 이동
	기존 경기장	체인지 – 기존 종목 퇴출 – 새로운 종목 도입	디바이드 – 다른 종목 도입 – 기존 경기장 공유

이번에는 MCMD 전략의 분류 변수를 시장의 관점으로 바꾸어보자. '게임의 룰'을 제품 혹은 서비스의 '콘셉트'로 '경기장'은 '시장'으로 치환시키면 다음의 그림이 된다.

다음의 그림에서 '새로운 콘셉트'는 기존에 없던 제품 혹은 서비

MCMD 프레임워크 - 마케팅 전략 관점

	새로운 콘셉트	대안적 콘셉트
신시장	메이크 - 신수요 창출 - 신시장 창출	무브 - 핵심경쟁력의 재정의 - 타시장으로 이동
기존 시장	체인지 - 기존 수요 대체 - 경쟁자 퇴출	디바이드 - 기존 수요 분할 - 경쟁자와 공존

스를 의미하며 '대안적 콘셉트'는 이미 존재하고 있었지만 우리에게는 새로운 제품 혹은 서비스를 의미한다. 여기서 '시장'은 세그먼팅 기법에서 말하는 세그먼트(세분시장)의 의미이다. 따라서 메이크는 새로운 콘셉트로 새로운 수요를 창출하는 전략이고 체인지는 새로운 콘셉트로 기존 수요를 대체하는 전략이다. 무브는 핵심경쟁력을 재정의하여 다른 시장을 공략하는 전략이다. 디바이드는 차별화된 아이디어로 기존 시장을 분할하는 전략이다.

조금 더 명확한 이해를 위해 MCMD 프레임워크를 역사의 관점으로 해석해보자. 어느 나라에나 기득권층에 들지 못한 채 불만스러운 삶을 살아가는 약자들이 있다. 그들에게는 현재 상황을 벗어나기 위한 4가지 선택지가 있다. 아예 무리를 이끌고 새로운 땅을 찾아서 자신들의 나라를 세우거나, 혁명을 일으켜 정권과 체제를 바꾸거나, 국경 너머 다른 나라로 이주하거나, 나라 안에 나라를 세우는 분리독립을 외치는 것이다.

역사에서 발견하는 메이크 전략은 살던 땅을 떠나 다른 땅에 새로운 체제의 나라를 건국한 경우다. 파라오의 땅을 떠난 유대민족

MCMD 프레임워크 - 역사적 관점

		정치체제	
		새로운 정치체제	다른 정치체제
영토	새로운 영토	메이크 - 새로운 영토 - 새로운 나라 건국	무브 - 타국 이민 - 국외 이주
	현재 영토	체인지 - 정권 교체 - 정치체제 변경	디바이드 - 영토 분할 - 새로운 나라 건국

은 가나안에 자신들의 나라를 세웠고 패망한 고구려 유민은 고향을 떠나 대진국(발해)을 세웠다. 왕정 체제를 없애고 공화정을 시작한 프랑스 혁명과 고려를 대체한 조선 왕조는 같은 영토 내에서 일어난 체인지 전략이다. 싸움을 피해 혹은 희망을 찾아 떠나는 것은 무브 전략이다. 일제강점기 우리 선조들은 살아남기 위해 간도로 향했다. 중남미의 서민들은 아메리칸 드림을 꿈꾸며 미국으로 향했다. 디바이드 전략은 분리독립의 역사와 함께한다. 종교와 인종이 다른 말레이시아와 싱가포르는 땅을 나눠 살고 있다.

  인류의 오랜 역사는 MCMD 프레임워크의 다양한 사례를 보여준다. 그런데 이 사례들에는 하나의 공통점이 있다. 그 변혁의 주체 세력이 주로 핍박받던 약자라는 사실이다. 새 나라를 세운 민족도, 혁명을 일으킨 민중도, 간도로 떠난 우리 조상들도 어쩔 수 없이 분리독립한 소국의 국민도 세상의 약자였다. 약자는 선택권이 없다고 생각하기 쉽지만 역사적인 선택이 일어나게 한 힘은 약자에게서 나왔다. 바로 그들이 세상을 만들고, 바꾸고, 나누고, 새롭게 했다.

3
메이크전략
: 새로운 수요를 창출하라

　메이크 전략의 목적은 새로운 수요의 창출에 있다. 대체 구매가 아니라 추가 구매를 일으키므로 기존 제품과의 간섭은 적고 성장 가능성은 대단히 크다. 퍼스널 컴퓨터PC나 휴대폰처럼 이전에 존재하지 않았던 제품은 완전히 새로운 수요를 만들어냈다. 1974년 세계 최초의 퍼스널 컴퓨터인 '알테어 8800'이 등장하기 전까지 세상에는 퍼스널 컴퓨터라는 단어 자체가 없었다. 휴대폰도 1983년 모토로라가 '다이나택 8000X'라는 브랜드로 상용화하기 전에는 없던 수요였다. 성공사례만 놓고 보면 새로운 수요를 창출해내는 메이크 전략은 주로 강자를 위한 대안으로 보일 수 있다. 하지만 메이크 전략은 약자에게 더 강력한 도구가 될 수 있다.

레드불

한때 유행하던 칵테일에 '예거밤'이 있다. 허브향이 강한 독일 리큐르 '예거마이스터'에 고카페인 음료 '레드불'을 섞어 만든다. 록과 메탈 음악을 후원하는 예거마이스터와 익스트림 스포츠를 후원하는 레드불의 만남은 레드불의 역동적인 브랜드 캐릭터와 잘 어울린다. 이 강렬한 이미지의 주인공인 레드불은 2021년 한 해 동안 전 세계에서 98억 4,000만 캔을 판매해 78억 유로의 매출을 기록한 에너지 드링크의 절대 강자다.[56]

디트리히 마테쉬츠Dietrich Mateschitz는 1982년 태국 출장길에서 '크라팅 다엥'이라는 음료에 흥미를 느끼게 된다. 그는 1984년 이 음료를 만든 태국 TC제약의 대표 찰레오 유비디야Chaleo Yoovidhya와 레드불을 공동 창업하고 1987년 4월 1일 오스트리아에서 레드불을 출시한다. 레드불의 기원이 된 크라팅 다엥은 태국에서는 블루컬러들이 애용하는 저가 음료였다. 하지만 레드불은 프리미엄 가격 전략을 취했고 스포츠 마케팅을 동원하여 트렌디한 브랜드로 포지셔닝하는 데 성공했다. 붉은 황소라는 의미의 레드불은 태국 브랜드 크라팅 다엥의 영어식 이름이다. '크라팅Krating'은 동남아시아에 서식하는 거대한 몸집의 야생 소를 뜻하고 '다엥Daeng'은 태국어로 붉은색을 뜻한다.

레드불은 젊은 층이 열광하는 익스트림 스포츠 위주의 스포츠 마케팅을 전개해왔다. 암벽등반, 스노보딩, BMX자전거, 스카이다이빙 같은 종목은 물론 모터사이클, F1, 나스카 경주, 다카르 랠리 같은 모터 스포츠까지 다양한 영역에서 독특한 브랜드 이미지를 구축해왔다. 레드불의 이런 활동은 스포츠 마케팅의 모범 사례로 꼽혔고 세계적으로 많은 기업의 벤치마킹 대상이 되었다. 그러나 레드불 로고가 새겨진 윙슈트와 굉음을 내며 달리는 레드불 F1 머신만으로 이런 성공을 만들 수 있었을까? 그보다는 기존 음료들이 놓치고 있던 강력한 각성효과를 원하는 고객을 찾아낸 것이 레드불의 근본적인 성공 원인이었을 것이다.

음료 시장의 글로벌 매출 추이를 보면 레드불은 기존 음료와 상호 간섭을 일으키지 않았다. 오히려 새로운 수요 창출을 통해 전체 음료시장의 성장을 만들었다. 메이크 전략의 모범적인 사례라 할 수 있을 것이다. 게다가 레드불의 역사는 후발 신생기업이 글로벌 공룡으로 성장해온 약자의 스토리다.

바디럽 퓨어썸

'지나치기 쉬운 생활 속의 문제점을 발견하고 그에 대한 솔루션을 제안합니다.'

소셜 미디어 커머스에서 두각을 나타내고 있는 D2C 스타트업 블랭크코퍼레이션의 홈페이지에 적힌 글이다. 이 짧은 한 줄 속에 이 회사의 성공 비밀이 숨어 있다. 그들은 아직 해결되지 않은 문제에 대한 답을 제시하는 것을 업의 본질로 정의하고 있는 것이다. 블랭크코퍼레이션은 2016년 창립한 이래 4년 만에 매출 1,000억 원을 넘어설 만큼 빠르게 성장했다. 이 회사의 빠른 성장을 견인한 대표적인 제품으로 '바디럽 퓨어썸'이 있다. 퓨어썸은 '수돗물을 깨끗하게 거른다'는 익숙한 개념을 샤워기, 세면대, 싱크대의 수전에 적용함으로써 새로운 수요를 만들어냈다. 그동안 깨끗한 물을 찾는 니즈는 정수기와 생수처럼 음용 제품에 초점이 맞춰져 왔다. 생수 산업은 이미 1조 원이 넘는 시장으로 성장했으며 정수기 시장도 연간 판매 200만 대 수준으로 성장했다. '150미터 깊이의 지하 암반수'라는 개념으로 시장의 만년 2위에서 1등 브랜드가 된 하이트맥주의 사례는 고전 중의 고전이다.

퓨어썸은 깨끗한 물에 대한 니즈를 세면, 목욕, 조리, 설거지로 확장했다는 점이 신선하다. 이런 접근이 창출해낸 신수요가 폭발적 성장을 견인했다. 특히 세면대용 제품은 기존 수전 아래에 정수필터를 설치하는 제품으로서 추가수요를 이끌어낸 메이크 전략이다.

삼진어묵

기술 변화가 거의 없는 고전적인 시장에도 메이크 전략의 성공 사례가 있다.

'삼진어묵은 1953년부터 3대에 걸쳐 이어온 국내에서 가장 오래

된 어묵 브랜드입니다. 2013년 12월 국내 최초로 시작한 어묵베이커리 사업을 통해 단기간 비약적인 성장을 이루어냈습니다. 2017년에는 싱가포르점을 성공적으로 오픈하며 해외 진출의 첫걸음을 내디뎠습니다.'[57]

삼진어묵 홈페이지의 첫 페이지 첫 대목이다. 어묵회사 소개글에서 만난 '베이커리'라는 단어는 신선한 충격이다. 그리고 어묵과 베이커리라는 모순된 개념이 성장의 원동력이라는 주장이 두 번째 충격으로 다가온다. 대기업의 진출로 어려워진 환경하에서도 삼진어묵은 고속성장을 계속하고 있다. 2011년 20억 원이었던 연매출은 2021년 787억 원까지 성장했다.[58]

삼진의 빅히트 상품인 '어묵고로케'를 보면 이미 어묵의 경계를 넘어섰음이 확연히 보인다. 어묵 반죽에 갖가지 소를 넣고 빵가루를 입힌 뒤 튀겨낸 어묵고로케는 더 이상 반찬이 아니다. 조리를 위한 식자재에서 바로 먹을 수 있는 디저트와 간식의 세계로 빠져나온 것이다. 어묵 베이커리는 기존 식재료 시장의 어묵 수요를 대체하거나 나눈 것이 아니다. 어묵 간식이라는 새로운 수요를 만들어낸 것이다. 따라서 삼진어묵 이야기는 약자의 성공 스토리면서 새로운 수요를 만든 메이크 전략 사례이다.

딤채

김치는 한국인 식탁의 상징이지만 보관의 어려움과 냄새 문제가 늘 골칫거리였다. 특히 마트에서 손쉽게 김치를 사 먹을 수 있는 요즘과 달리 예전에는 집마다 겨우내 먹을 김장을 담갔다. 도시생활을 하면서 발효식품인 김치를 장기 보관한다는 것은 풀기 힘든 숙제였다. 근본적인 해결책은 별도의 보관공간을 마련하는 것이고 그 기술적인 결과물이 김치냉장고다.

'김치여, 독립하라.'

김치냉장고의 전설 '딤채'의 출시 광고카피다. 뜬금없어 보이는 이 카피는 지금까지 냉장고의 한편을 나눠 쓰던 김치가 이제 김치냉장고라는 독립된 공간으로 갈 수 있다는 일종의 카테고리 독립 선언이다. 기존 냉장고는 그대로 둔 채 김치 보관 전용 냉장고를 한 대 더 사는 문화는 이때 시작되었다. 딤채가 출시되던 1995년 11월의 기사에서 보듯이 딤채는 출시 때부터 화제를 불러일으켰다.

'김장철을 맞아 김치를 담가 넣어두기만 하면 잘 발효시켜 맛있는 김치를 만들어주는 김장독이 새로 개발돼 불티나게 팔리고 있다. 만도기계는 지난 16일 처음 '위니아 딤채'라는 전기 김치독의 판매에 들어가 열흘 만인 26일 현재 5,000대가 팔렸다. 위니아 딤채의 가격은 48만 원으로 조금 비싼 편임에도 불구 김장철을 맞아 판매량은 더욱 늘어날 것으로 전망되고 있다.'[59]

딤채는 기존 가정용 냉장고와 수요 간섭이 발생하지 않으면서 새로운 수요를 폭발시켰다. 그리고 그 모든 변화의 주역은 가전 3사가 아니라 가전 시장의 신출내기 만도였다. 약자가 만든 멋진 성공 스토리다.

  그런데 여기서 흥미로운 점은 김치냉장고의 최초 개발자가 만도가 아니란 것이다. 딤채가 출시되기 오래전부터 가전 3사의 연구진은 김치 보관과 냄새 문제를 해결하기 위해 노력해왔다. 그 결과 금성사(LG 전자)는 딤채가 히트 치기 10년도 더 전에 이미 최초의 김치냉장고 GR-063을 개발하였다.[60] 금성사가 10년 전에 포기한 시장에서 가전 초보자 만도는 김치냉장고를 하나 더 구입하도록 고객을 설득하는 데 성공했다. 만도는 승리의 냄새를 맡을 줄 아는 탁월한 약자였다. 만도는 주거문화의 변화와 고객의 라이프스타일 변화를 정확히 읽어내 새로운 수요를 창출해냈다.

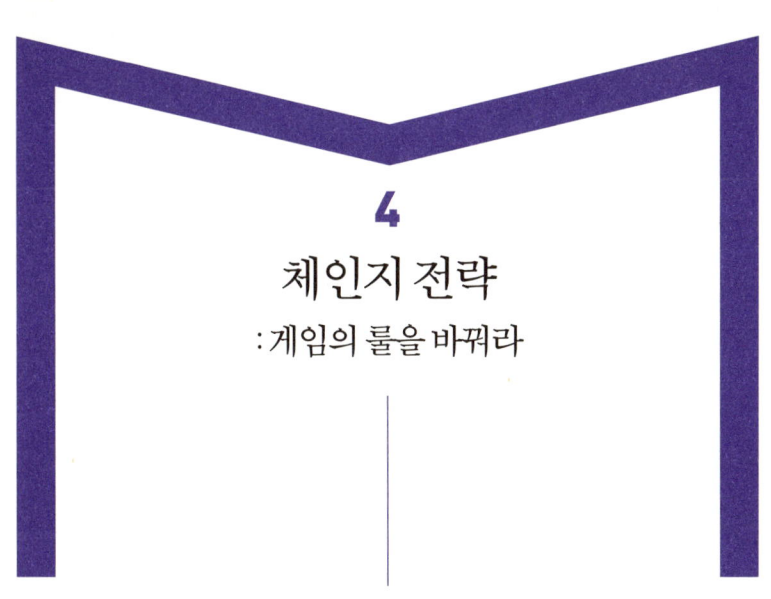

4
체인지 전략
: 게임의 룰을 바꿔라

체인지 전략은 시장의 참여자인 고객은 그대로인 채로 게임의 룰만 나에게 유리하게 바꾸는 경우를 말한다. 마치 같은 영토 안에서 왕정이 공화정으로 바뀌는 혁명처럼 기존 시장의 범위 안에 있으면서 시장을 지배하는 게임의 룰을 바꾼다.

무학 좋은데이

1924년 진로소주가 우리나라에 처음 등장할 때 알코올 도수는 35도였다. 1965년에는 30도였고 그 후 1973년에는 25도로 낮아졌다. 오랫동안 소주는 20도 이상의 고도주라는 것이 당연했다. 그러나 2006년 영남지역 소주회사 무학은 고정관념을 깬 16.9도 저도소주 '좋은데이'를 출시하였다.[61] 좋은데이가 던진 충격과 사회 전반적으로 높아진 저도주 선호 추세는 소주 시장을 변화시켰다. 마침내 2020년 5월 하이트진로마저 참이슬 후레쉬를 16.9도로 낮추면서 16도 소주 시대가 본격화되었다.[62]

2006년 7%였던 무학의 전국시장 점유율은 2012년 13.3%까지 늘어나 진로와 롯데에 이어 3위에 올랐다. 이 성공의 이면에는 TV 광고를 통해 고객 커뮤니케이션에서 절대적 우위를 점할 수 있었던 무학의 실행 전략도 있다. 무학은 2011년 11월 20일부터 인기 남자 연예인을 모델로 TV 광고를 내보냈다.[63] 그때까지 소주는 TV 광고를 못 한다는 것이 정설이었다. 국민건강증진법 시행령에 '알콜분 17도 이상의 주류를 광고 방송하는 행위'를 금지한다는 조항이 명시되어 있기 때문이다.[64] 하지만 이 규정은 16.9도 소주 좋은데이의 등장으로 무력화되었다. 아이러니하게도 17도라는 명문 규정 때문에 16.9도 소주에 대한 광고 제재가 불가능했다.

소주는 고도주라는 고정관념을 깨버린 무학의 시도가 경쟁자들의 참여로 결국 시장의 게임의 룰 자체를 바꾸어버린 사례이다. 게다가 이런 변화를 최강자 진로가 아니라 작은 지방 브랜드가 만들었다는 점에서 '좋은데이'는 체인지 전략으로 성공한 약자의 스토리다.

트렉스타

'트렉스타는 무겁고 딱딱한 가죽 등산화가 당연시되던 시대에 트레킹을 위한 경등산화를 최초로 개발하였다.'[65]

위키백과에 소개된 트렉스타 소개 글이다. 트렉스타는 1988년 8월에 설립된 이후 1994년 경등산화 '트렉스타' 출시로 시장을 선도하기 시작했다. 트렉스타는 최초의 경등산화를 출시했다. 하지만 더 중요한 것은 이후에 모든 업체에서 경등산화를 출시하면서 게임의 룰이 바뀌었다는 것이다. 부산의 작은 신발 회사가 아웃도어 시장 전체의 게임의 룰을 바꾼 것이다. 트렉스타의 트레킹화는 약자가 주도한 체인지 전략의 좋은 사례다.

라푸마

기능성과 실용성이라는 게임의 룰이 지배하던 아웃도어 패션 시장에서 약체 브랜드였던 LG패션 라푸마는 2007년 가을-겨울 시즌에 패션성이라는 새로운 룰을 제시하여 시장의 변화를 선도했다. 그 후 시장의 모든 참여자가 패션성 경쟁에 나서면서 시장을 지배하는 게임의 룰 자체가 완전히 바뀌었다. 약자의 시도가 시장을 바꾼 전형적인 체인지 전략의 성공사례다.

이러한 변화는 정확한 고객 인사이트 파악의 결과였다. 그때까지의 아웃도어 시장에 참여하는 모든 브랜드의 시각은 옷을 입는 고객의 착용감에 치우쳐 있었다. 자연히 때가 덜 타고 질긴 소재와 동작이 편한 패턴과 디자인이 선호되었고 방수 투습 원단 사용으로 프리미엄화를 추구했다. 그러나 그들은 등산이 누군가와 만나는 모임의 자리이자 모르는 타인에게까지 자신을 노출시키는 행위라는 사실을 놓치고 있었다. 고객은 편한 착용감뿐만 아니라 자신을 멋지게 연출할 수 있기도 원한다는 인사이트의 발견이 체인지 전략의 출발점이었다.

넷플릭스

소니 워크맨은 개인화된 음악 감상이라는 새로운 수요를 창조해 냈다. 그리고 이 수요를 만족시키는 방법은 카세트테이프에서 CD로, MP3로, 그리고 실시간 스트리밍 서비스로 변해왔다. CD는 아날로그 세상이 디지털로 전환된 것이었고, MP3는 음악의 소유를 '저장매체의 구매'에서 '음악 자체의 다운로드'로 바꾼 혁신이었다. 그리고 실시간 스트리밍 서비스는 음악의 소비 개념을 '소유'에서 '공유'로 바꿔버렸다. 동일한 고객 니즈를 전혀 다른 기술로 만족시켜온 역사로서 체인지 전략의 전형적인 사례이다.

동영상 스트리밍 분야의 리더 넷플릭스는 1997년 미국 캘리포니아에서 비디오 대여 사업으로 시작하여 OTT_{Over the top} 서비스로 발전했다. 기존 시장의 비디오테이프 대여라는 게임의 룰을 스트리밍으로 바꿈으로써 글로벌 기업으로 성장했다. 최근 들어 디즈니, 아마존, 애플 등 거대 경쟁자 진입으로 주춤하기는 하지만 넷플릭스는 여전히 미국 온라인 동영상 시장의 30% 이상을 차지하고 있다.

강남스타일

한때 전 세계에 우스꽝스러운 말춤을 따라 하는 열풍이 불었다. 세대 불문, 인종 불문 이런 현상을 일으킨 장본인은 가수 싸이다. 그리고 그 신드롬의 중심에 '강남스타일'이 있다. 해외 시장에서 출발하지 않고도 글로벌 스타가 된 싸이는 미국에 날아가 현지 방송 토크쇼에 출연해 당당히 자신을 알렸다. 진지한 표정에 턱시도를 격식에 맞게 갖춰 입고 등장해 토크쇼 진행자와 우스꽝스러운 말춤을 췄다. 그리고 토크쇼 메인 화면에 '복장은 품위 있게, 춤은 유치하게Dress Classy, Dance Cheesy!'라는 슬로건을 띄웠다. 이 짧은 한 줄로 무엇이 전 지구적인 공감의 포인트인지를 명쾌하게 보여주었다.

국경 안에서 국경을 넘은 싸이는 '로컬에서 출발해서는 글로벌로 갈 수 없다'는 게임의 룰을 무너뜨렸다. 그리고 그것이 오늘날 K-팝 아티스트들이 겁 없이 세계 시장에 도전할 수 있는 자신감을 주었다고 해도 지나친 말은 아닐 것이다.

배달의민족

급속히 성장 중인 플랫폼 비즈니스도 체인지 전략으로 볼 수 있을 것 같다. 동네 중국음식점의 빠른 배달 서비스는 오랜 세월 사랑받아왔다. 하지만 요즘엔 배달 앱부터 찾는다. 서비스 자체는 새롭게 탄생한 상품이므로 메이크로 보일 수도 있고 다른 배달 서비스와의 공존인 디바이드로 볼 수도 있을 것 같다. 하지만 배달앱은 짧은 시간에 배달 수요를 만족시키는 고객의 습관을 획기적으로 혁신했으므로 게임의 룰을 바꾼 체인지 전략이다.

게릴라전과 체인지 전략

게릴라전Guerrilla warfare은 마케팅 관련 저작의 인기 있는 주제다. 주로 약자의 생존 전략으로 많이 다룬다. 하지만 게릴라전은 본디 생존 혹은 공존을 목표로 하지 않는다. 지배권력을 축출하고 정치체제를 전복하는 혁명을 목적으로 시작한 전투방식이다. 게릴라전을 통해 민중을 움직여 궁극적인 승리를 추구하는 것이 게릴라의 목표이다. 쿠바가 그랬고 중국이 그랬다. 전투가 끝난 뒤 위대한 게릴라였던 체 게바라Che Guevara는 새로운 나라의 장관이 되었고, 게릴라전의 전설이었던 마오쩌둥毛澤東은 통일 중국의 지도자가 되었다.

새로운 세상을 꿈꾸지만 아직은 힘이 부족한 약자와 게릴라의 입장은 매우 비슷하다. 라푸마가 아웃도어 시장에 새로운 콘셉트를 던졌지만 다른 브랜드들이 참여하지 않았다면 시장은 바뀌지 않았을 것이다. 트렉스타를 따라 너도나도 트래킹화를 내지 않았다면 우리는 아직도 무거운 중등산화를 신고 있을 것이다.

그래서 약자가 체인지 전략을 쓰는데 게릴라전의 역사와 기술은 도움이 된다. 하지만 게릴라전의 역사와 다양한 사례를 검토한 내공을 만나기는 쉽지 않다. 어설픈 게릴라 마케팅 책보다는 체 게바라의 『게릴라전』이 낫다. 그가 성공한 혁명가이라서가 아니라 실전을 치른 게릴라가 남긴 게릴라전 관련 저술이기 때문이다.[66]

"전쟁의 목적과 수단에 있어서 게릴라와 정규군은 다를 것이 없으나 이기는 전략과 전술은 게릴라다워야 한다."

체 게바라가 한 말이다. 즉 어떤 형태의 전투이든 전투력이 우위에 있는 쪽이 이기는 것이므로 그 경쟁 우위를 어떻게 만들어내느냐가 승리의 관건이다. 곤히 잠든 비무장의 100명보다 기습전을 벌인 10명의 무장 게릴라가 전투력 면에서 우위에 있고 지형을 잘 아는 병사가 초행길의 군대보다 전투력을 더 발휘할 수 있다. 그래서 게릴라에게는 체가 지적한 것처럼 '기밀Secretiveness, 기만Treachery, 기습Surprise'의 원칙이 기본이다.

게릴라처럼 싸움의 장소와 시간과 싸움의 룰을 내가 유리한 상태로 만들고 싸움을 걸어야 약자도 승리할 수 있다. 그리고 게릴라전이 민중의 군대를 만들어내듯이 경쟁자들이 내가 제시하는 게임의 룰에 동참하도록 만들어 승리를 추구하는 것이 약자의 체인지 전략이다.

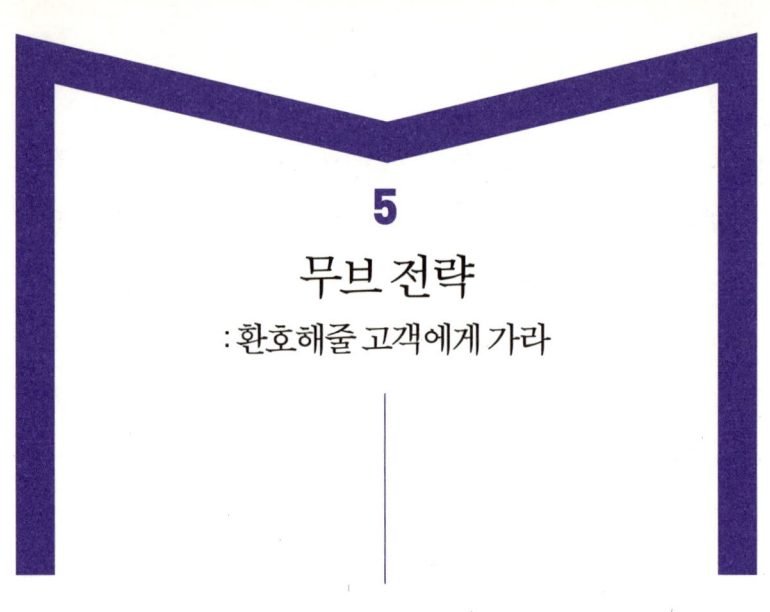

5
무브 전략
: 환호해줄 고객에게 가라

살림이 팍팍한 사람에게 이민은 한 번쯤 생각해본 대안이다. 물론 이민 간다고 해서 저절로 팔자가 피는 것은 아니지만 새로운 환경을 만나는 기회가 되기는 한다. 약한 브랜드에게도 타깃 세그먼트의 이동은 전략적 선택지의 하나가 된다. 제품이나 서비스를 획기적으로 바꿀 방법이 마땅치 않을 때는 지금 모습 그대로의 나를 더 사랑해주는 고객을 찾아가는 것이 현명한 결정이다.

K-1의 제왕 세미 슐트

요즘은 미국의 UFC가 최고의 인기를 구가하고 있지만 한때 'K-1'과 '프라이드'의 인기는 대단했다. K로 이름이 시작되는 카라

테, 킥복싱, 쿵푸를 다 포괄한다는 의미의 K-1은 차고 때리는 것으로만 승부를 겨루는 입식 타격 경기다. 반면에 프라이드는 그라운드의 공방이 주가 되는 종합격투기MMA다.

세미 슐트Semmy Schilt는 K-1의 제왕이었다. 그러나 그는 K-1 이전에 활동했던 프라이드 무대에서는 그저 그런 선수 중의 한 명이었다. 2미터가 넘는 체격과 가라테 실력은 그라운드 공방이 중심인 프라이드 무대에서는 별 도움이 안 되었기 때문이다. 하지만 그는 긴 팔다리가 절대 유리한 입식 격투기 K-1으로 이동하자 무적의 격투기계로 거듭났다. 그는 경기 종목을 바꿈으로써 스타덤에 올랐다. 자신의 경쟁력이 힘을 발휘하는 공간으로 이동하는 무브 전략이 제대로 먹힌 경우다.

불리한 경기장에서는 실력 발휘를 할 수 없다. 아무리 노력해도 승리가 어렵다면 다른 경기장에서 벌어지는 다른 종목을 고려해보는 것도 현명한 전략이 될 수 있다.

안다르와 젝시미스

"클라라 시구 의상, '치마 레깅스에서 치마를 빠뜨렸나' 민망"[67] 2013년 5월 3일 LG트윈스와 두산베어스 경기의 시구자로 나선 배우 클라라의 레깅스룩에 대한 기사 제목이다.

그 당시 여론은 레깅스에 대단히 비판적이었다. 하지만 최근에는 인식이 완전히 달라졌다. SM C&C의 설문조사 플랫폼 틸리언프로의 조사에 따르면 '레깅스를 입고 어디까지 갈 수 있느냐'는 질문에 50.6퍼센트가 등산과 조깅 같은 야외 운동을 꼽았다. 그리고 응답자의 33.9퍼센트는 영화관이나 커피숍에도 갈 수 있다고 했다.

뉴욕 상류층의 삶을 기록한 웬즈데이 마틴 Wednesday Martin 의 저서 『파크애비뉴의 영장류』에도 이런 변화를 언급한 대목이 나온다. "룰루레몬은 뉴욕 상류층 여성들의 공식 운동 의상이자 어린이집 등하원 유니폼이었다. 처음에는 충격적인 노출증으로 보였지만 금세 대수롭지 않은 광경이 됐다."[68]

운동에 적합하면서도 일상에서 입을 수 있는 애슬레저 시장이 커지면서 이제 레깅스는 건강미와 패션 센스를 입증하는 의류로 발전했다. 2015년 탄생한 '안다르'와 '젝시미스'는 이런 분위기 속에서 지속적으로 성장해왔다. 최근에는 남성 라인을 추가하고 워터레깅스라는 이름으로 수영복 시장까지 영역을 확대하고 있다. 2021년 젝시미스는 1,453억 원,[69] 안다르는 1,144억 원[70]의 매출을 기록할 만큼 성장했다. 흥미로운 사실은 안다르는 20대 요가 강사가 설립했고 젝시미스는 미디어 커머스 기업의 브랜드라는 점이다. 그들은 모두 패션 시장에 아무 기득권이 없었지만 큰 성장을 이루어냈다.

레깅스가 등산바지의 한 종류였다면 기존 시장을 나눈 디바이드 전략이었을 것이다. 만일 대다수의 등산인이 레깅스를 입도록 게임의 룰이 바뀌었다면 체인지 전략이다. 그런데 안다르와 젝시미스는 요가복과 같은 실내운동복 브랜드가 아무런 제품상의 변화

없이 아웃도어 의류시장을 잠식해 들어간 것이므로 무브 전략이라 할 수 있다.

코란도 스포츠와 코란도 투리스모

쌍용자동차는 2012년 액티언 스포츠를 '돈을 벌기 위한' 상업용차 세그먼트에서 '돈을 쓰기 위한' 레저용차 세그먼트로 이동시켰다. '코란도 스포츠'라는 새로운 이름으로 출시된 이 픽업은 '트렁크가 차 바깥에 달린 SUV'로 리포지셔닝하는 데 성공했다. 연 3,000억 원 이상의 추가 매출을 올린 코란도 스포츠는 무브 전략의 전형적인 사례다. 월 700대 전후로 팔리던 픽업 매출이 월 3,000대까지 수직 상승했고 화물차의 이미지는 말끔하게 사라졌다.[71]

다음 해인 2013년에는 상업용 미니밴 로디우스도 액티언스포츠처럼 레저용 시장으로 이동시키는 전략이 실행에 옮겨졌다. '여럿이 단체로 가지는 즐거움Happy gathering'을 추구하는 '다인승 레저용 차량'으로 리포지셔닝하고 브랜드 네임도 '여행의 즐거움'을 의미하는 '코란도 투리스모'로 변경됐다. 코란도 투리스모는 출시 일주일 만에 전년도 총매출보다 많은 계약고를 기록했다. 이후 월평균 2,500대까지 판매가 늘었다.[72] '돈 벌기 위한 차'의 고객들에겐 매력이 없었지만 '즐거운 삶을 위한 차'의 고객들에겐 최적의 대안이었던 것이다.

시바스 리갈

'시바스 리갈'은 높은 인지도에도 불구하고 유흥업소에서는 좀처럼 팔리지 않는 술이었다. 브랜드 인식이 부정적이라서 그런 것은 아니었다. 유명한 브랜드지만 아버지 세대에 적합한 술로 인식되고 있었기 때문이다. 부족한 세대 적합성을 해결할 방법으로 유흥업소 시장에서 백화점의 선물세트 시장으로 이동하는 무브 전략이 선택되었다. 선물 받는 사람은 고급 제품을 좋아하지만 선물하는 사람은 저렴한 제품을 선호한다. 따라서 고가로 인식되고 있지만 실제 가격은 비싸지 않은 시바스리갈은 선물 구매자의 구미에 잘 맞았다. 주 판매 채널을 유흥업소에서 백화점으로 변경한 이후 시바스 리갈은 화려하게 부활했다. 무브 전략의 성공 스토리는 매체에 소개되기도 했다.

'주류업계의 한가위 특수가 대단하다. 18일 두산씨그램에 따르면 최근 경기회복세를 고려해 위스키 선물세트를 지난해보다 50%나 많은 20만 세트 준비했으나 추석 연휴가 시작되기도 전인 지난 15일 오후 모두 팔렸다. 특히 높은 가격인 시바스 리갈 시리즈 중 18년산 선물세트는 판매를 시작한 일주일 만에 동이 나는 등 폭발적인 인기를 누렸다.'[73]

이후로도 성장을 지속한 시바스 리갈은 3년 만에 연매출 200만 병 이상으로 성장했다. 무브 전략 시행 전해의 연매출이 8만 병에 그쳤던 데 비하면 25배의 성장이었다. 기존 시장에서는 외면받을 지라도 어딘가에 그 제품에 열광하는 고객 집단이 있을 수 있다. 고객의 열정을 되살릴 수 없다면 열광하는 고객이 있는 다른 공간으로 이동하라.

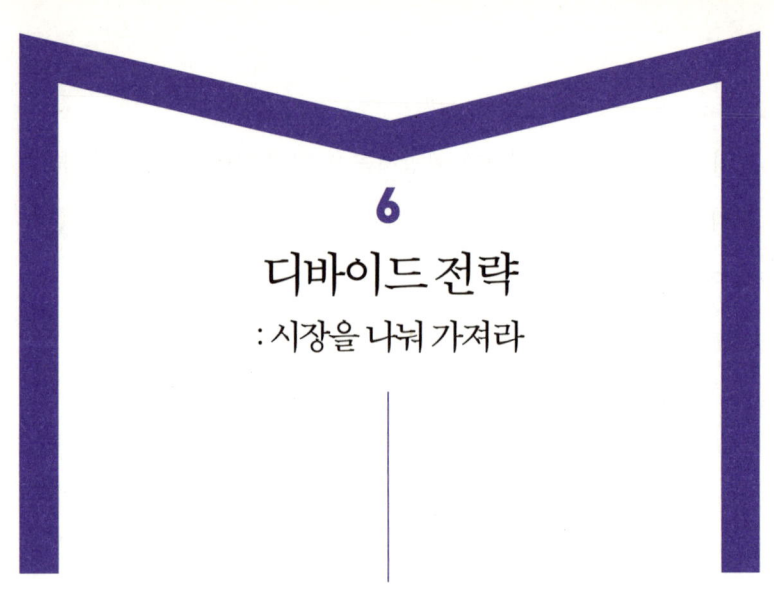

6
디바이드 전략
: 시장을 나눠 가져라

디바이드 전략은 기존 고객 중에서 내가 제시한 포지셔닝에 호의적 반응을 보이는 집단만을 분리해내는 방법이다. 게임의 룰을 아예 바꾸는 체인지 전략과 달리 그대로 인정하면서 살길을 찾는 공존의 전략이다. 효과적인 차별화 전략이지만 포화 상태의 기존 수요를 분할하므로 기존 브랜드와의 갈등을 감수해야 한다.

블루보틀과 스타벅스

블루보틀은 커피계의 애플로 불린다. 아마도 허름하게 시작한 사업, 괴짜 창업자, 독창적인 제품, 열광하는 고객이라는 스토리가 애플과 닮았기 때문인 것 같다. 블루보틀의 인기는 미국을 넘어 세계로 퍼졌다. 2015년 2월 도쿄에 아시아 1호점을 내자 일본 고객의 반응은 뜨거웠다. 입장을 위해 2시간 이상 기다리고 다시 30~40분을 더 기다려야 커피를 마실 수 있는데도 열광했다. 2019년 5월 3일 성수동에 한국 1호점을 오픈했을 때 국내 고객의 반응은 일본 고객보다 더 뜨거웠다. 그 열기가 언론 기사의 제목에 그대로 나타나 있다. '어젯밤부터 줄 서고, 탈진할까 생수 나눠주고… 블루보틀 한국 1호점 오픈한 날 풍경'

블루보틀의 성공 스토리에는 늘 장인정신이 등장한다. 커피 맛에 대한 완벽주의, 디테일에 대한 집착, 고급스럽지만 미니멀한 이미지로 설명한다. 로스팅한 지 48시간 이내의 신선한 원두만 쓰고, 시간이 오래 걸리는 핸드드립 커피를 제공하고, 대화를 위해 와이파이가 없다는 걸 언급한다. 블루보틀의 팬들은 오래 기다리는 것을 '느림의 미학'이자 '행복한 기다림'이라 여기며 '완벽주의의 증거'라고 평가한다. 이 모든 성공 스토리는 다분히 감성적인 찬사들이다. 그러나 그것만으로 블루보틀의 성공을 다 설명할 수 있을까?

스타벅스는 이탈리안 커피숍에서 영감을 받았다고 한다. 그래서인지 스타벅스 고객은 분주한 매장의 좁은 식탁에서 유럽의 슬로라이프를 느끼고 그 분위기에 취한다. 일회용 컵에 담긴 '아메리카노'라는 지극히 미국적인 이름의 커피를 앞에 놓고서. 하지만 좀 더 에지 있는 문화적 자극을 원하는 이들은 스타벅스에 머물러 있지 않았다. 가로수길이 뜨더니, 성수동이 핫해졌고 안목해변의 커피를 찾아 강릉까지 나들이를 간다. 이런 지역과 그곳 카페들의 등장은 이들의 문화적 갈증을 대변한다. 커피를 통해 문화를 느끼는 스타벅스의 세상에서 벗어나 문화적 자극 속에서 커피의 정통성을 원한 고객은 블루보틀에 환호했다. 여전히 시장의 대세는 스타벅스지만 시장에는 블루보틀이 살아갈 공간도 확보되었다. 이들은 서로 공존할 수 있는 자신들만의 공간을 만들었다.

불닭볶음면

'2011년 명동의 매운 불닭 음식점에서 개발 아이디어를 얻은 삼양식품 김정수 사장과 연구소 직원들은 불닭, 불곱창, 닭발 등 매운맛으로 소문난 전문 맛집을 돌아다니며 직접 시식하고 나라별로 다양한 매운 고추를 연구해 '맛있게 매운 소스'를 개발했다. 매운 소스 2톤, 닭 1,200마리의 요리를 맛보고 12개월에 걸쳐 연구한 끝에 최상의 배합비를 찾아내 불닭볶음면을 개발하게 되었다.'

삼양식품 홈페이지의 브랜드 섹션에 소개된 불닭볶음면 개발 스토리다.[74] 출시 초기에는 흥행이 매우 부진했다. 그러나 매운맛 마니아들의 체험기가 SNS를 통해 퍼지면서 불닭볶음면의 마니아층이 생기기 시작했다. 유튜브의 '파이어 누들 챌린지'가 화제를 일으키며 불닭볶음면은 고공행진을 시작했다. 삼양식품은 다양한 종류의 불닭볶음면 시리즈 성공으로 2012년 3,257억 원이던 매출이 2021년 6,420억 원까지 신장했다. 이처럼 뛰어난 실적에는 2012

년 209억 원에서 2021년 3,886억 원까지 고속 성장해온 해외 매출의 증가도 큰 힘이 되었다.[75]

1986년 출시 이래 1위를 지켜오고 있는 농심 신라면을 필두로 고착화된 보수적인 시장에서 불닭볶음면이 만들어낸 성과는 매우 독특한 성공사례다. 작은 차별점과 가격 할인 대신 새로운 카테고리 만들기를 주도했다는 점에서 훌륭한 전략적 성취라고 할 수 있다. '국물'과 '비빔' 이외에 '볶음'이란 새로운 카테고리를 만들어냈다. 즉 신라면이 지배하는 '매운 국물라면'이라는 콘셉트를 국물라면과 볶음라면으로 분할함으로써 '매운 볶음라면'이라는 세그먼트를 만들어낸 것이다.

불닭볶음면은 국물라면 한 그릇을 먹은 뒤 또 한 그릇을 먹는 추가수요를 만든 게 아니므로 메이크 전략은 아니다. 물론 전체 라면 시장의 성장에 기여하기는 했으나 국물라면 수요를 나누어 가진 경우이므로 디바이드 전략의 성공사례로 보아야 할 것이다.

티볼리 에어

브랜드의 확장도 디바이드 전략의 한 방법이다. 성공적으로 시장에 안착한 브랜드의 경우 브랜드의 외연 확장을 통해 매출도 늘리고 브랜드 강화도 가속화할 수 있다. 많은 소형 차량의 경우처럼 티볼리도 개발 초기부터 롱바디 출시 계획이 있었다. 그 콘셉트에 관해 이런저런 아이디어가 리뷰되었지만 동일한 외관에 트렁크 길이만 40여 센티미터 길어지는 것으로 결론이 났다. 숏바디와 수요 간섭의 우려가 있었지만 시장의 약자인 쌍용으로서는 티볼리 브랜드의 후광을 외면할 수 없었다. 간섭을 최소화하기 위해서는 적절한 분할과 공존의 전략이 시도되어야 했다.

그러기 위해 넓어진 트렁크에 '라이프스타일의 확장을 가능하게 하는 도구'라는 의미를 부여하고 '티볼리에어'로 명명했다. 젊은 세대의 액티브 라이프는 먼지 날리는 흙길보다 도시 생활 속에서 찾아진다. 늦은 밤에 공원에 나가 농구공을 던지고, 무선조종 자동차를 몰기도 하고, 스케이드 보드를 탄다. 주말엔 보드세일링을 하고 야구도 하러 간다. 그들에겐 도시라는 공간도 밤의 어둠도 문제가 안 되지만 티볼리의 트렁크 공간 부족은 고민거리다. 티볼리의 후광을 입었지만 자기만의 용도가 규정된 티볼리 에어는 기대 이상의 뛰어난 성과를 냈다.

윈저 17년

2000년 초까지만 해도 국내 프리미엄 스카치위스키 시장은 12년산이 거의 전부였다. 가장 늦게 시장에 진입한 두산씨그램은 상황을 반전하기 위해서 2000년 7월 4일 가격 경쟁력이 뛰어난 '윈저 17년'을 출시함으로써 위스키 시장을 12년산과 17년산으로 양

분하는 대 성공했다. 이 시장 분할 시도는 가장 낮은 점유율에 허덕이던 두산씨그램을 단기간에 시장의 최강자로 변신시켰다. 기존 시장의 게임의 룰로 경쟁해서 이길 수 없게 되자 시장을 분할해 마켓 리더가 된 디바이드 전략이다.

타다 베이직

공유서비스의 혁신으로 불리던 타다 베이직은 결국 사업을 중단했다. 그들의 실패는 디바이드 전략의 위험성을 잘 보여준다. 이미 존재하는 수요를 나눠가지는 전략이라서 진입이 쉬워 보이지만 갈등의 가능성이 크다. 기본적으로 시장 분할은 공존을 전제로 해야 함에도 타다 베이직은 그 점을 간과했다. 기저층이 생계의 위협을 느낄 때 그 반발의 강도는 상상 이상이 된다. 이기고 지는 게임으로 가게 되면 파국으로 치닫기 쉽다.

2018년 10월 8일 모회사 '쏘카' 소유의 차량을 빌려서 수도권에서 영업을 시작했던 렌터카 서비스 '타다'는 재탑승 비율 90퍼센트, 평균 평점 4.7/5.0의 호평 속에 빠르게 성장했다. 2020년 기준 회원수 170만 명에 차량 1,500대 규모의 국내 모빌리티 서비스로 성장했으나 기존 택시업계의 격렬한 저항을 받았다. 결국 20대 국회의 타다 관련법(여객법 개정안)에 따라 영업에 제동이 걸리면서 타다 사측에서 타다 베이직 서비스를 선제적으로 중단하였다. 출범 550

일 만인 2020년 4월 11일부로 종료된 타다 베이직의 빈자리는 다시 택시가 메우게 됐다.[76]

얌테이블

'최근 380여 종의 다양한 수산물을 산지에서 원물 상태로 대량 매입해 직접 세척-선별-손질 단계를 거쳐 소포장으로 가공해 온라인으로 판매하는 국내 토종 수산물 전문 몰이 눈에 띄게 성장하고 있다. 어찌 보면 당연한 프로세스지만, 이 비즈니스 모델로 시장에 안착한 업체는 그리 많지 않다. 게다가 이 스타트업은 경상남도 거제를 기반으로 한 업체라 해당 지자체에서도 활약을 주시하고 있다.'[77]

2017년 출발한 얌테이블은 수산물 원물의 구매부터 편의식품 제조와 온라인 판매까지 하는 수산물 전문 온라인 커머스 회사다. 얌테이블은 2017년 1월 수산물 유통에서 잔뼈가 굵은 주상현 대표의 '한산도수산'과 농축산 전문 온라인 플랫폼 '노을과 봄'의 합병으로 시작되었다. 보편화된 사업이 아니라서 처음에는 투자자를 이해시키기 힘들었지만 2018년부터 투자가 늘어 누적 투자액은 340억 원에 이른다. 2021년에는 연매출 669억 원을 달성했다.[78]

얌테이블은 수산물에 특화되어 있고 원물에서 제조와 유통까지 전후방 통합이 되어 있는 독특한 비즈니스 모델이다. 또한 서울이 아니라 경남 거제를 기반으로 하고 있으며 스타트업 간 합병을 통해 탄생했다는 점 역시 유례없는 경우다. 수산물의 유통 방법에 혁신을 가져왔고 원물에서 제조와 유통까지 통합 운영한다는 점에서 매우 새롭다. 하지만 MCMD 프레임워크로 보면 기존 수요를 나누어 가지는 공존에 가깝다. 기존 유통업체와 제조업체와의 직접적 경쟁과 수요 대체를 통해 성장하므로 디바이드 전략을 구사한 경우로 본다.

무신사

패션제품의 온라인 구매가격은 몇 년 전에 이미 오프라인을 추월했다. 언택트 소비가 대세가 되면서 온라인 구매가 폭발적으로 늘고 있다. '무신사'는 온라인 패션 커머스의 대표 기업이다. '무지하게 신발 사진 많은 곳'이라는 프리챌 커뮤니티로 출발하여 패션 이커머스의 강자가 되었다. 2018년 처음으로 1,000억 원대 매출을 돌파한 이후 2021년 매출 4,667억 원 영업이익 542억 원을 달성했다. 2012년 법인 설립 이후 계속 흑자를 내고 있으며 2021년 거래액은 2조 3,000억 원에 이를 만큼 성장하여 5조 원에 가까운 기업가치를 인정받고 있다.[79]

무신사는 수입 의류 할인 구매 혹은 상설 할인매장의 대체 경로로 커오던 온라인 패션쇼핑몰이 정규 채널화되는 모습을 보여주고 있다. 그러나 온라인 구매 플랫폼이 없던 시절에도 패션제품은 구매되고 있었다. 구매 방식 자체가 아무리 혁명적이더라도 무신사가 새로운 추가수요를 만들어낸 것은 아니다. 그리고 아직 오프라인 채널의 비중을 무시할 수는 없다. 따라서 무신사의 성공 전략은 기존 채널과 공존할 공간을 만들어낸 디바이드로 봐야 할 것 같다. 다만 엄청난 속도로 성장하고 있는 무신사의 약진이 유통의 주력을 온라인으로 재편하는 역할을 한다면 시장을 바꾼 게임 체인저로 다시 평가될 것이다.

4장

마케팅 파워 강화하기

1
본인의 판단부터 의심하라

고객이란 단어를 입에 달고 살면서도 고객에게 외면당하는 경우가 종종 있다. 그런 결과가 나오는 이유는 고객에 대한 자신의 판단에 뭔가 오류가 있었다는 얘기가 된다. 이런 판단 오류의 원인에 '인지편향' '허위 합의 효과' '소박실재론' '에고센트리즘' '집단사고의 압력' 등이 있다.

인지편향

'인지편향Cognitive bias'은 사람들이 자신의 경험을 바탕으로 잘못된 판단을 하는 것을 의미한다. 트버스키와 카너먼은 인지편향이 발생하는 이유를 휴리스틱을 이용한 판단 과정에 있다고 보았다.

휴리스틱은 시간이나 정보가 불충분하여 합리적인 판단을 할 수 없을 때 신속하게 사용하는 어림짐작을 의미한다. 휴리스틱은 개인이 가진 경험적 지식에 크게 의존하기 때문에 합리적 사고를 방해하고 잘못된 의사결정에 이르게 할 수 있다.

인지편향에는 자신이 사전에 가지고 있던 가치관과 신념에 부합하는 정보만 선택하고 그 외의 정보는 무시하는 '확증편향 Confirmation Bias', 처음 접한 정보를 지나치게 신뢰하는 '고정편향 Anchoring bias', 정보를 왜곡해서라도 자신의 믿음을 지키려는 '신념편향 Belief bias', 추가 정보가 필요 없는데도 정보를 더 모으려고 하는 '정보편향 Information bias', 결정의 정당성을 원인보다 결과에 비추어 평가하는 '결과편향 Outcome bias' 등이 있다.

허위 합의 효과

추적추적 비가 내리는 여름밤엔 김치전에 막걸리가 제격이다. 옛 친구와 둘러앉은 자리에선 나이 든 이들의 수다도 용서가 된다. 정치 이야기에서 연예가 소식까지 별 쓸모도 없는 수더분한 이야기를 안주로 술잔을 비우다 보면 목소리가 커진다. 그러다 주먹다짐이라도 일어날 것 같은 험악한 상황이 되면 단골처럼 등장하는 멘트가 있다. "길을 막고 물어봐!" 이런 말이 나온다고 진짜로 밖에 나가 아무나 붙잡고 물어볼 리야 없지만 문득 궁금해진다. 정말로 길을 막고 생면부지의 사람에게 물어보면 뭐라고 대답할까?

남에게 물어보라는 말로 자기주장의 정당성을 입증하려 한 취객은 남들도 자기와 생각이 같을 거라는 확신이 있었을 것이다. 세상에는 여름밤의 취객처럼 다른 사람들도 자기와 생각이 같다고 믿는 사람들이 있다. 보편성에 대한 이런 확신을 '허위 합의 효과False Consensus Effect'라고 한다. 서울대학교 심리학과의 최인철 교수는 저서 『프레임-나를 바꾸는 심리학의 지혜』에서 허위 합의 효과는 자기중심적 프레임 때문에 생기며 '자신의 의견, 선호, 신념, 행동이 실제보다 더 보편적이라고 착각하는 자기중심성을 나타내는 개념'이라고 설명하고 있다.[80]

소박실재론

"혹시 여러분은 운전하면서 당신보다 느린 사람은 멍청이고, 빠른 사람은 미친놈이라고 생각해본 적 없습니까?"

그래미상을 네 차례나 수상한 미국 코미디언 조지 칼린George Carlin이 이 질문을 던졌을 때 대부분 사람은 고개를 끄덕였다. 미국 스탠퍼드대학교의 리 로스Lee Ross 교수와 코넬대학교의 토머스 길로비치Thomas Gilovich 교수는 이런 현상의 원인을 '소박실재론Naive Realism'에서 찾는다. 소박실재론이란 자신이 세상을 있는 그대로 바라본다고 여기지만 실제로는 주관적으로 본다는 객관성의 환상을 말한다.[81] 이런 경향을 가진 사람은 어떤 이슈에 대해 상대방이 자기와 다른 견해를 보이면 상대의 견해를 편견에 의한 오류로 생각한다. 그 결과 상대방이 의견을 철회하고 자기 의견에 동의해야만 한다고 믿는다.[82]

에고센트리즘

늦은 저녁 아빠의 전화를 받은 딸은 '엄마 있니?' 하는 전화 속 목소리를 들으며 고개를 끄덕인다. 아이는 아빠가 자신을 보지 못한다는 사실을 인지하지 못한다. 아이에게 테이블 맞은편에 앉아 있는 곰인형이 보는 장난감 모습을 그려보라 하면 자기에게 보이는 모습을 그린다. 장 피아제Jean Piaget의 인지발달이론에 따르면 어린 아이는 타인이 자신과 동일한 지각, 관점, 생각, 감정을 갖는다고 생각하는 '에고센트리즘Egocentrism'을 나타낸다.

종종 자신에 대한 과도한 확신을 가진 어른에게서 유아기 심리 특성인 에고센트리즘을 발견하게 되는 것은 참 흥미롭다. 자기가 하고 싶은 게임만 만들다 망해버린 게임 개발자도, 자기 입맛에 맞는 메뉴만 고집하다 쪽박 찬 골목 식당 주인도 실패 원인이 여기에 있다.

집단사고의 압력

어느 작은 자동차 회사의 딜러가 자신의 판매 비법에 대해서 한 이야기가 있다. 그는 일단 고객과 만나게 되면 그 자리에서 계약서를 받는다고 한다. 그렇게 안 하면 다음 날 생각이 바뀌어 구매의사를 철회하는 고객 비율이 너무 높기 때문이라고 한다. 시승도 해보고 구매조건도 리뷰해본 결과 당사자는 아주 만족했지만 집에 가서 듣게 되는 가족이나 지인들의 부정적인 멘트에 마음이 흔들린다. 인간의 생각이란 것은 그리 독립적이지 않다. 그러므로 고객 커뮤니케이션은 고객 당사자만이 아니라 그를 둘러싸고 있는 주변의 설득에도 큰 노력을 기울여야 한다.

지금까지 살펴본 것처럼 합리적 사고의 실패를 일으키는 요인은 다양하다. 사고의 비합리성을 벗어나려면 자신의 생각이 언제나 보편타당하며 자신의 판단은 늘 합리적이라는 확신을 경계해야 한다. 오해와 그릇된 의사결정은 무지보다도 더 위험하다. 그래서 의사결정의 순간에 꼭 던져야 하는 마지막 질문이 있다.
"혹시 내가 틀린 게 아닐까?"

2
관성을 버려라

뉴턴의 운동 제1법칙인 '관성Inertia'은 정지한 물체는 정지해 있으려고 하고 움직이는 물체는 계속 움직이려고 하는 성질을 말한다. 흔히 '차가 급정거할 때 승객의 몸이 앞으로 쏠리는 현상'으로 관성을 설명한다. 비즈니스 세상에서도 관성은 작용한다. 관성의 법칙이 강하게 작용하는 기업은 멈춰야 할 때 멈추지 못해서 쓰러진다. 반면에 앞으로 나아가야 할 때 나아가지 못해서 때를 놓치고 변해야 할 때 변하지 못해서 경쟁에 뒤처지기도 한다. 늘 하던 익숙함을 반복하느라 세상의 변화를 못 따라잡는 것이 경영 관점의 관성이다.

모기약을 한겨울에 팔다

모기 살충제는 전형적인 여름 한철 상품이다. 그러나 '에프킬라'나 '홈키파'가 독점적으로 지배하던 시장에 후발주자로 진출한 한국S.C.존슨의 '레이드'는 유통업계의 외면을 받았다.

이 문제를 해결하기 위해 한국S.C.존슨은 여름 제품의 한겨울 판매라는 새로운 개념으로 업계의 관행에 도전했다. 피크 시즌에서 먼 시점에 구매할수록 할인율을 높게 적용하고 장기간의 재고 보관이 부담스러운 도매상에는 선결제 조건으로 필요 시점에 배송하는 조건을 달았다. 경쟁이 없는 시즌에 실시한 판매 전략은 매우 효과적이었다. 게다가 이런 방식은 여름에는 생산이 부족하고 겨울에는 라인이 쉬는 문제를 해결함으로써 생산 효율을 극적으로 향상시켰다. 계절성이라는 고정관념을 벗어나자 약자에게 시장진입의 문이 열렸다.

그 많던 비디오 대여점은 다 어디로 갔는가

집마다 VCR이 있던 시절에는 아파트 상가마다 비디오테이프 대여점이 있었다. 그런데 어느 날부터 매상이 줄기 시작했다. 비디오테이프 대여점 주인은 관성적으로 대응했다. 할인 행사를 확대하고 비디오테이프 구색을 늘렸다. 그러나 손님은 갈수록 줄어갔고 결국 폐업하고 만다. 아날로그 시대가 디지털 시대로 바뀌는 대전환의 트렌드 때문에 벌어진 일이었기에 일개 비디오테이프 대여점 주인이 대처할 방법은 없었다. 하지만 늘 하던 대로 한다고 문제가 해결되지 않는다는 사실이라도 일찍 깨달았더라면 업종 전환이라도 시도할 수 있었을 것이다. 비디오테이프는 '자기가 보고 싶던 영화나 드라마를 원하는 시간, 원하는 장소에서 본다'는 효익을 제공한다.

디지털 전환의 시대에 맞춰 OTT 서비스로 전환한 넷플릭스는 성공 가도를 달리고 있지만 과거의 방식으로 관성적인 대응을 했던 비디오 렌탈업계의 공룡 '블록버스터'는 2013년 파산했다. 관성에 빠지면 변화에 대한 대응이 느려지고 생존 자체가 위험해진다. 하지만 스스로 관성을 깨뜨리면 오히려 혁신을 주도하게 된다.

파워포인트는 죄가 없다

2014년경 파워포인트 PPT 퇴출 바람이 불었다. 'PPT는 업무 효율을 높이는 도구로 도입했는데 도리어 업무에 부담 주는 주범이 됐다.'는 인식 때문이었다.[83] 그러나 수많은 이유로 발생한 업무 비효율의 주된 원인을 PPT라는 일개 소프트웨어에 지우는 것은 억지를 넘어 무지에 가깝다. 두산백과사전은 파워포인트를 '프레젠테이션을 도와주는 소프트웨어'라고 설명하고 있다.[84] PPT는 프레젠테이션 자료를 만드는 데 최적화된 프로그램이지 보고서 작성이나 수학 계산을 위한 프로그램이 아니다. 그래서 수백 명을 대상으로 한 사업계획 발표에는 오히려 PPT가 강력한 무기가 된다. PPT 화면도 없이 마이크 하나 달랑 들고 거대한 사업계획의 타당성을 설득하기는 거의 불가능하기 때문이다.

쓰지 말아야 할 곳에 PPT를 사용한 '잘못된 선택'은 PPT의 잘못이 아니다. 보고서도 PPT 화면처럼 화려해야 한다는 비효율적인 생각이 바로 퇴출해야 할 관성이다.

시계도 패션이다

스와치는 시계에 대한 모든 관성적인 사고를 거부해서 성공한 브랜드다. 시계는 '시간을 확인하는 기계'라는 것에 아무도 질문을 던지지 않던 시절에 스와치는 시계의 역할을 '패션'으로 규정함으로써 새로운 수요를 창출해냈다.

SMH는 저렴하지만 패셔너블한 스와치 시계 브랜드를 만들어냈다. 스와치는 색상과 디자인에 파격적인 변화를 주고 예술가들과 협업을 적극적으로 시도했다. 프랑스 예술가 키키 피카소Kiki Picasso, 그라피티 아티스트 키스 해링Keith Allen Haring, 뮤지션 필 콜린스Phil Collins, 영화감독 구로사와 아키라, 비디오 아티스트 백남준 등 다양한 분야의 유명 작가들과의 컬래버레이션 에디션을 발매했다. 이런 일련의 노력을 통해 스와치는 시계 브랜드가 아니라 성공한 패션 브랜드의 반열에 올라섰다. 오랜 세월 동안 "스위스 시계는 비싸고 고급스러워야 한다."라는 이야기를 관성적으로 해왔던 사람들에게 스와치는 충격이었다.

  오늘도 우리는 우리 주변에서 일어나는 모든 일에 관성을 만들어 가고 있다. 관성에서 벗어나면 승리가 가까워진다. 관성에서 벗어나라. 다르게 보아야 혁신이 가능하다.

3
약점으로 공격하라

아시아를 대표하는 경영 컨설턴트이자 경영학자인 오마에 겐이치大前研一는 "전쟁이라고 할 수 있는 사업에서 전략의 목적은 자기편에게 유리하도록 최고의 조건을 만드는 것이다."라고 했다. 내게 유리한 조건을 만들기 위해서는 판을 흔들어야 한다. 그러나 판을 흔드는 전략은 그리 쉽게 나오는 게 아니다. 게다가 약점을 이용해서 판을 바꾼다는 것은 쉬운 일이 아니다.

선거판의 프레임을 바꿔라 – 영화 「정직한 후보」

2020년 개봉된 라미란 주연의 영화 「정직한 후보」는 약점을 강점으로 뒤집는 프레임 전환을 코믹하게 보여준다.

4선에 도전 중인 베테랑 국회의원 주상숙. 대외적으로는 살가운 성격을 띠고 있고 검소하게 사는 것으로 알려져 있다. 하지만 이 모든 것은 눈속임이며 사실은 입만 열었다 하면 거짓말이 줄줄 새어 나오는 뻥쟁이다. 거짓말이 제일 쉬웠던 주상숙에게 청천벽력 같은 일이 생긴다. 하루아침에 거짓말을 1도 할 수 없는 '진실의 주둥이'를 갖게 된 것. 최고의 무기인 거짓말을 잃자 그녀의 인생은 송두리째 흔들리기 시작한다. 입만 열었다 하면 속마음이 주저 없이 터져 나오기 시작하면서 라디오 생방송, 기자회견 등 하는 일정마다 말실수를 저지르게 된다. 선거가 코앞인데 스스로의 말 때문에 표를 깎아 먹기 시작하고 결국 낙선의 위기에 봉착한다. 이 위기의 순간에 주상숙은 노련한 선거 전략가 이운학을 영입한다. 진실의 주둥이와 그로 인해 생기는 해프닝을 바라보던 백전노장 전략가가 외친다.

"자, 이제부터 프레임을 '정직'으로 바꾼다!"[85]

주상숙의 최대 약점인 '정직'을 강점으로 바꾸자 갑자기 선거판 전체의 게임의 룰이 흔들린다. 과장된 거짓 공약과 흑색선전이라는 선거판 싸움의 규칙은 무력화되고 정직과 진실이라는 새로운 룰이 그 자리를 차지했다. 이로써 어제의 약자 주상숙은 이제 게임의 룰을 지배하는 강자가 된다.

논점을 뒤집어라 – GM 말리부 1.35리터

쉐보레의 중형 세단 '말리부'는 2015년에 이미 전 세계 25개국에서 1,000만 대 이상 팔려 '1,000만 대 클럽' 멤버가 된 GM의 대표적인 차종이다. 2018년 말 한국GM은 2019년형 말리부의 출시를 앞두고 고민에 빠져 있었다. 2.0리터의 배기량이 대다수인 이 차급에서 1.5리터 엔진으로도 힘들었는데 새로 나오는 모델은 3기통에 1.35리터였다. 부정적 인식을 피할 수 없는 상황이었다. 국내 고객들은 배기량이 작으면 가격 가치도 낮춰 보기 때문이다.

약점을 강점으로 바꾸는 전략 중에 '논점 바꾸기'가 있다. 제대로 적용하기만 하면 상당히 강력한 무기가 될 수 있는 전략이다. 불리한 상황을 돌파하기 위해서 최대 약점인 작은 배기량을 가장 강한 장점으로 밀고 나간다는 출시 전략이 세워졌다. '이렇게 큰 차에 그렇게 작은 엔진은 무리다'는 인식을 '이 작은 엔진으로 저리 큰 차를 움직이는 건 다운사이징 기술의 승리다'로 전환하자는 작전이었다. '배기량 크기와 힘'이라는 논점을 '기술력과 다운사이징'으로 전환하기 위해서 다음과 같이 4가지 활동을 전개했다.

1. 엔진 브랜딩

'1.35리터'라는 배기량 표현을 'E-터보엔진'으로 바꿈으로써 기술적 업그레이드의 이미지를 부여했다. 실제로도 다운사이징에는 수준 높은 전자제어 기술이 적용되어야 하므로 과장은 아니었다.

2. 다운사이징의 이슈화

다운사이징의 효과에 관한 토론 세션을 개최하고 그 결과를 적극적으로 바이럴 마케팅에 활용했다.

3. 드라이빙 서킷 시승회

엔진 파워에 대한 의구심을 털어내기 위해 기자 시승회를 자동차 경주 트랙에서 실시했다. 자동차 경주 트랙에서 시승회를 하면 낮은 배기량 문제가 더 부각될 것 같지만 트랙 드라이빙 그 자체가 파워풀한 이미지를 가지고 있어서 배기량 이슈가 희석된다.

4. 드레그 레이스 Drag race

직선 주행 코스에서 이전 모델인 1.5와 출시 예정인 1.35의 단거리 속도 경쟁을 했다. 배기량이 큰 말리부 1.5가 빠를 것 같지만 결과는 그 반대였다. 그 이유는 저배기량 차량의 차에 사용되는 LET 방식의 엔진 튜닝 때문이다. 낮은 RPM에서 최대 토크에 도달하는 LET 방식은 출발 가속력을 향상시킨다. 그러니 아주 짧은 거리의 드래그 레이스에서 1.5리터 엔진 차량에 뒤질 이유가 없다. 이 비교 테스트는 1.35리터 말리부의 완승으로 끝났다.

이후 언론에 쏟아져 나온 보도 기사 제목들은 논점 바꾸기 전략이 성공했음을 잘 보여준다.

"GM 기술의 결정판 '신형말리부'…'작지만 강한 심장'"[86]
"다운사이징의 마법 '더 뉴말리부 1.35L E-터보'"[87]

말리부가 '파워와 배기량'이라는 과거의 논점에 머물렀다면 줄어든 배기량 이야기를 피하려고 애썼을 것이다. 그러나 약점을 덮거나 부정하는 주장은 약점을 부각할 뿐이다. 그래서 작아진 배기량이라는 약점을 의도된 강점으로 밀고 나간 전략이 오히려 승률을 높였다.

정체성을 재정의하다 – 패밀리 레스토랑 빕스

2008년 전 세계를 강타한 글로벌 금융 위기는 패밀리 레스토랑 사업자들을 패닉에 빠뜨렸다. 당시 한국음식업중앙회와 중소기업청에서 발표에 따르면 11만 9,000개의 음식점이 휴폐업을 했다. 그런 분위기 속에서 '뷔페 시장'은 더욱 사양세를 걸었다. 씨푸드 뷔페의 경우 경기 침체로 인한 매출 하락과 가격 상승으로 속속 폐업하고 있었다. 시장의 선도적 위치에 있던 CJ그룹의 '빕스'도 고전 중이었다. 그런데 그 돌파구는 아이러니하게도 회사 내부회의에서 무한 반복되던 3단 논법에서 찾아졌다.

"뷔페는 인기가 시들고 있다."

4장 마케팅 파워 강화하기　153

"빕스는 뷔페다."

"고로 빕스는 미래가 없다."

"……"

"그럼 빕스가 뷔페가 아니면 미래가 있는 거네?"

뷔페는 다양한 음식을 한자리에서 먹는다는 특징을 가진다. 고객들은 여러 번 왔다 갔다 하지 않기 위해서 큰 접시에 이것저것 음식을 가득 담는 경향이 있다. 이 경우 다양한 음식을 맛볼 수 있다는 편리성은 있지만 사실 여러 요리가 한 접시에 담긴 모습이 그리 보기 좋은 건 아니다. 하지만 그런 취식 습관이 뷔페의 정체성으로 보이는 것도 사실이다. 빕스는 이 점에 착안해서 정체성을 재정의하였다. 여러 음식을 겹쳐 담던 접시를 편리성을 위한 '기능적 도구'에서 푸드스타일링의 '심미적 도구'로 전환한다는 목표를 세웠다. 새로운 개념의 빕스에서 샐러드바는 푸드 스타일링을 위한 재료가 진열된 곳이 되고 접시는 특정 스타일링 주제를 구현하는 공간이 된다.

아이디어의 실현을 위해서 '다이닝 2.0 캠페인'이 기획되었다. '더 이상 뷔페가 아닌 빕스'라는 메시지를 전달하기 위해서 '내가 만드는 맛있는 스토리, 내 메뉴는 내가 만든다.'라는 카피가 만들어졌다. 또한 최정상급 여자 탤런트 5명이 각자 자신만의 레시피를 만드는 TV 광고 덕에 셀리브리티 마케팅의 효과도 톡톡히 봤다. 광고를 찍었던 매장과 모델이 앉았던 자리는 성지순례 장소가 되었다. 광고와 함께 매장 내에서는 샐러드바의 식재료들로 구성한 나만의 레시피 경연 이벤트가 실시됐다. 센스 넘치는 작명의 독특한 레시피들이 쏟아져 나왔다.[88]

다이닝 2.0 캠페인의 결과 빕스는 '괜찮은 수준의 음식을 값싸게 많이 먹는 곳'에서 '재미와 참여가 가능한 이벤트 장소'로 인식의 전환을 유도할 수 있었다. 빕스는 사양길에 접어든 뷔페라는 정체성의 약점을 강점으로 재정의함으로써 위기 상황을 벗어날 수 있었다.

계란이 아닙니다 – 공기청향제 그레이드 코쿤

계란처럼 생긴 그레이드 코쿤은 프랑스에서 크게 성공한 방향제였다. 유럽 시장의 성공에 고무된 S.C.존슨은 코쿤의 한국 출시를 계획하고 있었다. 그런데 시장조사 결과 방향제에 대한 한국 고객의 태도가 유럽과 상당히 다르다는 점을 발견했다.

당시 우리나라는 방향제가 도입되기 시작한 아주 초기였다. 그래서 방향제는 나름 센스 있는 주부들만 쓰는 새로운 아이템이었다. 자연히 남들이 알아주기를 원하고 남에게 보여주고 싶은 제품이었다. 하지만 방향제가 이미 일반화되어 있던 유럽 고객들은 자기가 방향제를 사용한다는 사실이 드러나는 것을 원치 않았다. 방향제의 존재가 자기 집을 냄새나는 집으로 보이게 할까 걱정했기 때문이었다. 그래서 프랑스 코쿤의 포지셔닝도 '드러나지 않는 아름다움

Unobtrusive Beauty'이었다.

　이런 인식의 차이 때문인지 코쿤 고객 반응조사에 참여한 우리 유통업계 사람들은 코쿤에 대해 혹평을 했다. 계란 같은 생김새는 장식성이 떨어지며 방향제라는 연상도 안 되는 열등한 디자인이라는 것이었다. 하지만 S.C.존슨은 약점을 전면에 내세우는 정면 승부를 선택했다. 출시 전 시작한 티저 광고 캠페인의 메인카피는 '계란이 아닙니다'였다. 가장 큰 약점으로 꼽혔던 계란 연상을 감춰야 할 약점이 아니라 차별점이자 기억장치로 쓴 것이다. 이 도전은 첫해에 250만 개 판매라는 성공적인 결과로 돌아왔다.

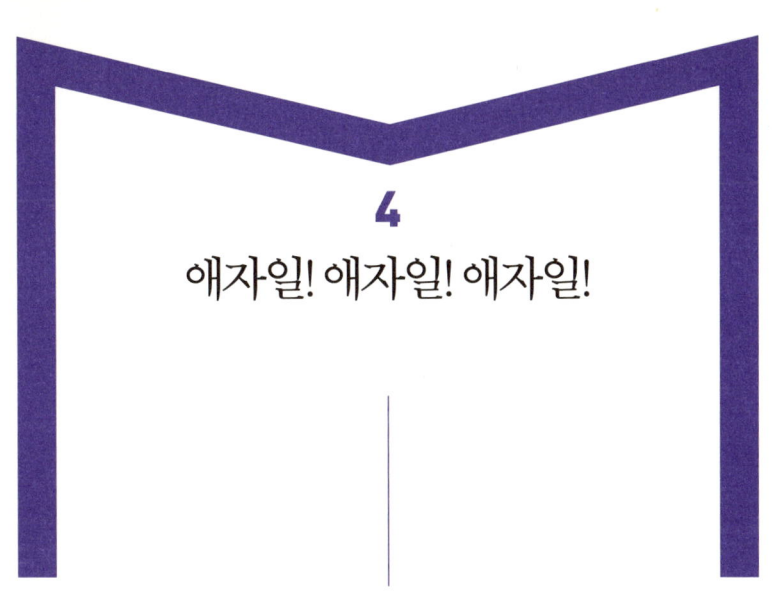

4
애자일! 애자일! 애자일!

변화의 사이클이 짧은 오늘의 세상에서는 우물쭈물하면 목표 달성의 그림자도 보기 전에 파산할 수 있다. 그러나 민첩하다면 약자가 더 이상 약자가 아닐 수 있는 것이 오늘의 세상이기도 하다. 약자에게 시간은 사치다.

학철부어

왕후에게 무릎을 굽히지 않고 자유로운 생활을 하다 보니 장자莊子는 끼니를 잇기 어려울 만큼 가난했다. 굶주림에 지친 어느 날 감하후에게 곡식을 빌리러 갔다. 부탁을 딱 잘라 거절할 수 없던 감하후는 나중에 식읍에서 나오는 세금을 받아서 300금을 빌려주겠다고 핑계를 댔다. 장자가 발끈 성을 내어 얼굴빛을 바꾸며 이렇게 말했다.

"내가 이리로 올 때 나를 부르는 자가 있었습니다. 그래서 돌아보았더니, 수레바퀴 자국에 고인 물에 붕어가 한 마리 있었습니다. 그래서 내가 '붕어야. 너는 거기서 무엇을 하고 있느냐?' 하고 물었습니다. 붕어가 대답하여 말하기를 '나는 동해의 물결에서 튕겨 나온 해신의 신하입니다. 그대는 한 되의 작은 물이라도 있으면 그것이라도 좋으니 그것을 가지고 나를 좀 살려주십시오.'라고 하였습니다. 그래서 내가 '알았다. 내가 바야흐로 남쪽으로 오나라와 월나라의 왕들에게 유세하러 가려고 한다. 그때 가서 서강의 물을 거꾸로 흐르게 해서 그 물로 그대를 맞이할 테니 그러면 되겠는가?' 하고 말했습니다. 그랬더니 붕어가 발끈 성을 내어 얼굴빛을 바꾸며 말하기를 '나는 지금 내가 늘 함께하는 물을 잃어버려 몸 둘 곳이 없어졌습니다. 지금 나는 한 되의 물만 있으면 충분히 살 수 있을 따름입니다. 그런데 지금 그대가 이처럼 말하니 차라리 일찌감치 나를 건어물 가게에 가서 찾는 것이 더 나을 것입니다.'라고 하였습니다."

『장자』「외물편」에 나오는 '학철부어' 이야기다.[89]

시장은 빠르게 변하고 고객은 변덕스럽다. 변화에 뒤처지지 않으려면 민첩하게 움직이고 끊임없이 혁신해야 한다. 오랜 시간을 들여 차근차근하려다가는 뭘 어찌해 보기도 전에 시장이 바뀌는 세상이다. 밝은 미래에 대한 막연한 기다림은 한 모금 물이 없어 곧 죽을 붕어에게 몇 년만 기다리라고 하는 식의 헛된 수사다.

애자일 마케팅과 애자일 조직

뷰카VUCA 시대의 마케팅에는 '어질리티Agility', 즉 '민첩성과 신속성'이 키워드가 된다. 어질리티가 마케팅에 적용되면서 '애자일 마케팅Agile Marketing'이란 새로운 개념이 나오게 되었다. 애자일 마케팅은 2001년 17명의 프로그래머가 유타주의 한 스키리조트에서 작성해 세계에 선언한 「애자일 개발 선언서The Agile Manifesto」에서 영감을 받은 개념이다.⁹⁰ 애자일 프로세스는 사전에 완벽한 분석과 정교한 계획을 통해 소프트웨어를 개발하던 과거 방식과 달리 시제품이나 최소기능제품MVP, Minimum Viable Product을 빠르게 만들어 고객 반응을 확인하면서 계속 개선해나가는 개발 방식을 말한다.

요즘은 경영학에서도 애자일에 대한 관심이 높아졌다. 스티븐 데닝Stephen Denning과 게리 해멀은 공저 『애자일, 민첩하고 유연한 조직의 비밀』에서 애자일한 조직이 일하는 법과 그 효과를 이렇게 설명하고 있다.

"마이크로소프트 개발부는 3주 단위로 4,000명이 넘는 직원들이 수백 개의 팀을 이루어 프로젝트를 마감한다. 스포티파이는 4개월 만에 수천만 사용자의 개별 취향을 고려해 음악을 선곡하는 플레이리스트 '디스커버 위클리'를 개발했다. 최고의 스텔스 전투기 그리펜을 개발한 사브는 6개월에 한 번씩 새로운 운영체제를 출시한다. 이렇게 짧은 주기로 일하면 보통 스트레스가 엄청나리라 생각하기 쉽다. 그러나 사실은 정반대다. 업무에 필요한 권한이 부여된 직원들이 복잡한 일을 잘게 쪼개 빠른 속도로 실행하면 재빠르게 혁신하고 학습할 수 있다. 그뿐만 아니라 실패하더라도 리스크가 적고 문제를 찾아 수정하는 능력이 훨씬 좋아진다. 직원들이 자신이 하는 일의 결과물이 고객에게 어떤 의미를 지니는지 잘 알게 되기 때문에 일에 몰입하는 정도도 높아진다."[91]

마케팅 관점에서 애자일이란 실시간으로 기회와 문제에 대한 해결책을 개발하고 신속하게 테스트하여 결과를 분석하는 것을 의미한다. 그러므로 애자일 마케팅은 매스 타깃을 대상으로 일사불란하게 실시되는 전통 마케팅 기법과 다르다. 작은 캠페인을 빠르게 연속적으로 진행하며 수많은 개인과 소통을 추구하면서 시장의 상황 변화나 반응에 리얼 타임으로 대응하는 접근법이다.

물론 협업에 기반한 애자일한 조직의 장점은 애자일 마케팅에도 적용된다. 미셸 아카드 피터슨Michelle Accardi-Petersen은 저서 『애자일 마케팅』에서 마케팅은 한 부서의 일이 아니라 회사 전체의 일이라고 하였다. 그리고 마케팅의 성공에는 관련 부서의 지지와 협조가 필수적이므로 협업 시스템은 애자일 마케팅에서 매우 중요하다고도 하였다.[92]

조직 혁신의 관점에서도 애자일 방식의 유용성은 강조되어 왔다. 조직행동 분야의 석학 린다 힐Linda A. Hill 교수와 연구팀은 독일 이베이의 마이크로 프로젝트 사례 연구를 통해 조직 혁신이 '다양한 대안을 실험해보고 효과를 확인한 뒤 다시 새로운 대안을 실험하는 과정'을 통해 점점 더 나은 해결책을 만들어가는 '창조적 민첩성

Creative Agility'에 의해 촉진되었음을 발견했다. 즉 '혁신은 주도면밀한 계획보다는 시행착오에 바탕을 둔 학습을 통해 이루어지며 이를 위해 혁신 리더들은 추진 - 검토 - 조정이라는 창조적 민첩성의 3가지 요소에 집중한다'는 주장이다. 그리고 이 과정은 문제의 난이도에 따라 횟수의 차이는 있지만 이전 결과를 바탕으로 보완하고 다시 시도하는, 꼬리에 꼬리를 무는 순환 반복이 되어야 한다고 하였다.[93]

애자일 마케팅의 효과

기티카 게라Gitika Gera는 논문 「이 시대 애자일 마케팅의 역할」에서 애자일 마케팅 방식의 5가지 긍정적 효과를 꼽았다.
1. 높은 업무 품질
2. 용이한 문제 발견
3. 일의 정확성
4. 환경 변화에 신속히 대처할 수 있는 융통성
5. 다양한 경험과 배경을 가진 팀이 이루는 혁신

또한 그는 전통적인 마케팅과 애자일 마케팅의 차이점을 아래와 같이 요약했다.[94]

전통 마케팅과 애자일 마케팅 비교

기준	전통 마케팅	애자일 마케팅
기간	6~7개월	리얼 타임
속도	장기간의 개발 절차	3~4주 이내 완성
실행	융통성 없음	창의적
위계질서	경영층 의사결정 의존도 높음	경영층 의사결정 의존도 낮음
자동화	없음	실행 결과에 대한 리얼타임 데이터를 수집하기 위한 자동화 플랫폼 사용
자산	사진, 동영상, 태그라인 등	신선한 콘텐츠
융통성	없음	시장 상황에 맞게 조정

애자일 마케팅의 5가지 원칙

성공적인 애자일 마케팅 구현에 필요한 전제 조건으로서 짐 이월 Jim Ewel은 『애자일 마케팅 시작하기』에서 5대 원칙을 제안했다.[95]

1. 계획을 따라가기보다는 변화에 대응한다.
2. 의견과 관습의 조사보다는 데이터를 분석하고 테스트한다.
3. 소수의 큰 시도보다는 수많은 작은 실험을 실시한다.
4. 약속을 지키고 투명성을 유지한다.
5. 공식적인 시장조사보다는 현장의 의견을 듣는다.

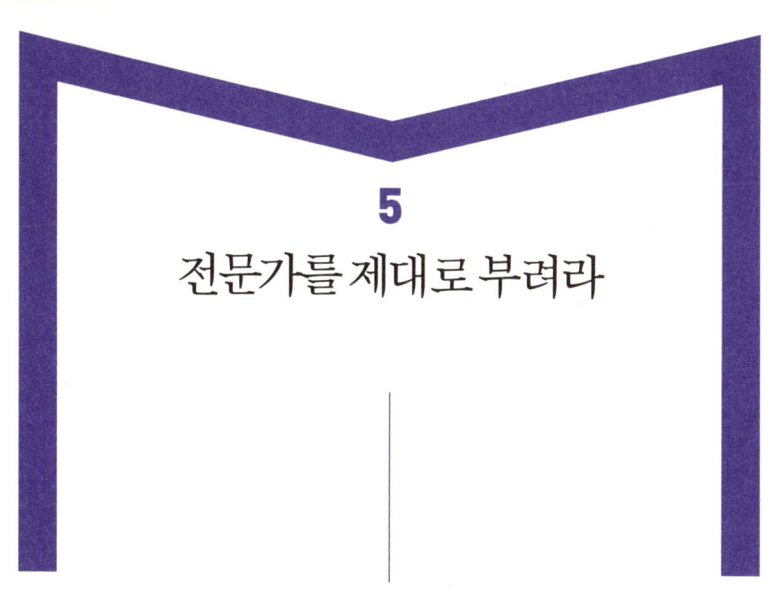

5
전문가를 제대로 부려라

일하다 보면 누군가에게 물어보고 싶을 때가 많다. 그럴 때면 우리는 '전문가'를 찾는다. 나보다 깊이 알고 경험이 더 많은 사람에게 묻고 배우면 문제가 해결될 거란 믿음이다. 전문가의 도움을 잘 받으려면 어떻게 해야 할까?

전문가를 찾은 효과를 제대로 보려면 우선 목적에 맞는 지식과 역량을 가진 전문가를 고르는 것이 우선이다. 그다음으로 찾아낸 전문가의 능력을 활용할 줄 알아야 한다. 그래서 이 논의는 다음의 두 가지 근본적인 질문에서 시작해야 한다.

1. 도움을 요청할 대상은 누구인가?
2. 선택한 대상에게서 조언과 도움을 제대로 받는 방법은 무엇인가?

도움을 청할 대상이 정확해야 한다는 것은 수학 과외를 받기 위해 대치동 학원가의 영어 일타강사를 초빙하는 어리석음에 빠지지 말라는 이야기다. 그리고 훌륭한 조언을 받으려면 그에 맞는 자세를 갖춰야 한다. 선생을 초빙해놓고 자기가 선생 노릇을 하는 것은 미련한 짓이다.

올바른 전문가 찾기

마케터에게 프레젠테이션 PT 실력은 필수적으로 갖춰야 할 능력이다. 그런데 마케터의 프레젠테이션은 일반 스피치 학원에서는 배울 수 없다. 마케터의 PT는 단순 브리핑이 아니라 다수를 향한 설득 커뮤니케이션이기 때문이다. 제스처, 목소리, 자세를 교정하는 데 초점을 둔 스피치 훈련으로 대형 프로젝트의 승인을 구하는 PT의 압박감을 이겨내지는 못한다. 마케터는 행사 무대의 MC가 아니다. 그들이 진짜로 배워야 하는 것은 제스처가 아니라 설득력과 자신감이다. 그래서 스스로 경험을 통해 터득하든지, 아니면 같은 경험을 한 전문가에게 그 경험을 배워야 한다.

미래 전략 수립을 잘하고 싶은 마케터의 선생은 컨설팅 회사가 아니다. 물론 시장을 분석하는 단계에서는 컨설팅 회사가 도움이 되지만 창의적인 아이디어를 내고 결단을 내리는 일은 마케터의 몫이다. 세계적인 명성을 가진 컨설팅 회사도 의사결정을 대신해주지는 않는다.

마케팅 리서치를 할 때 마케터의 일은 조사의 목적을 수립하고 결과를 전략에 반영하는 것이다. 필드 조사와 데이터 분석은 조사 대행사가 하지만 조사 계획수립과 조사결과로 나온 대안의 선택은 클라이언트가 한다. 마케터의 리서치는 리서치 대행사 사람이 아니라 마케터에게 배워야 한다.

효율적으로 전문가와 일하기

"마케팅은 참 편하겠어요. 대행사에 시키면 되니까. 우리는 뭐든 다 직접 해야 하는데."

언젠가 어느 회사 공장장이 던진 취중진담이다. 그의 말대로 마케터는 자기 손으로 하는 일이 별로 없다. 신제품 콘셉트를 찾기 위한 시장조사는 조사대행사가 하고, 기술 개발은 연구소에서 하고, 판매는 영업부문이 한다. 생산과 물류는 SCM 부서가 알아서 해주고 원가회계는 회계팀에서 따져준다. 광고는 광고대행사가 만들고 이벤트는 이벤트 대행사가 한다.

그러나 이 모든 일은 하나의 목표를 지향하고 있고 결과는 마케터의 손에 달려 있다. 그러므로 일 잘하는 마케터는 전문가와 일하는 방법을 안다.

"선장은 피가 나도록 입술을 깨문다."

미국 해군사관학교에서 유래했다는 격언이다. 실전 운항 훈련 중인 생도들에게 조종을 맡기고 뒤로 물러나 바라보는 선장은 마음이 놓이지 않는다. 하지만 키를 맡겼으니 더 이상 간섭할 수는 없어서 자신의 입술을 깨물며 기다린다. 이 이야기는 일을 맡겼으면 믿고 기다려주라는 의미로 많이 인용되지만 선장에게 피나는 입술은 단순한 기다림 이상이다.

마케터의 일도 선장의 임무와 같다. 사내의 관련 부서는 물론 외부 파트너들과도 함께 일한다. 이들 대부분이 각자의 영역에 관한 마케터 자신보다 경험이 많고 지식도 풍부한 사람들이다. 하지만 마케터는 그 잘난 이들을 지휘 감독해야 한다. 전문가를 잘 활용하는 마케터는 '자신의 결정과 그 결과에 책임을 지지만 전문가의 전문 분야를 존중하는 사람'이다. 즉 존중하되 지휘하고 요청하되 기다릴 줄 아는 리더가 되어야 전문가 집단을 지휘할 수 있다. 성과를 만드는 마케터는 훌륭한 전문가를 구별해내고, 그의 전문성을 최대치로 활용할 줄 아는 마케터다.

광고계의 거두 데이비드 오길비David M. Ogilvy가 말했다. "개를 키우면서 개 대신 짖지 마라."

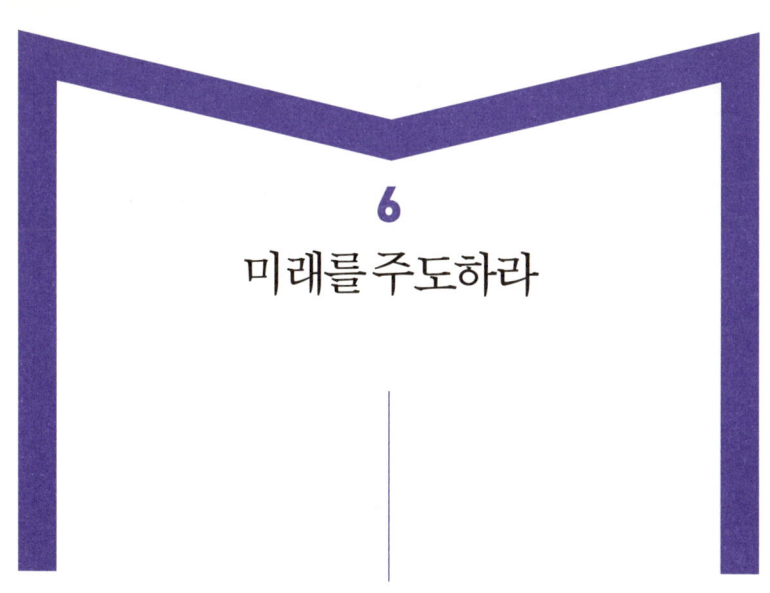

6
미래를 주도하라

곡돌사신

옛날 한 나그네가 어느 집을 지나치다가 우연히 그 집의 굴뚝이 똑바로 서 있는 걸 보게 되었다. 이런 형태의 굴뚝은 불꽃이 곧장 위로 치솟아 쉽게 화재가 날 수 있다. 게다가 위험천만하게도 아궁이 옆에는 땔감이 수북이 쌓여 있었다. 나그네는 집주인에게 굴뚝을 구불구불하게 만들고 땔감은 다른 곳으로 옮기라고 충고했다. 그러나 주인은 귀담아듣지 않았다.

얼마 후 그 집에 불이 났다. 다행히 이웃 사람들이 달려와 불을 꺼 큰 피해를 보지는 않았다. 그 후 주인은 술자리를 마련하고 불을 꺼준 이웃 사람들에게 고마움을 표시했다. 그러나 정작 굴뚝을 고치고 땔감을 옮기라고 충고했던 나그네에게는 아무런 사의도 표시하지 않았다. 어떤 사람이 집주인에게 말했다.

"당신이 그 나그네의 말을 들었더라면 애초에 불이 나지 않았을 것이고 이런 술자리를 만들 필요도 없었을 것입니다. 정작 굴뚝을 고치고 땔감을 옮기라고 했던 나그네에게는 아무런 보상이 없고, 머리를 데고 이마를 그을리며 불을 끈 사람들만 귀빈 대접을 받는군요. 이게 무슨 경우랍니까."[96]

『한서열전』의 「곽광전편」에 나오는 '곡돌사신曲突徙薪'의 고사다. 미리 위험을 경고하고 예방책을 말해준 사람에게 감사할 줄 모른다는 이야기다. 오늘의 마케터에게도 시사하는 바가 크다.

미래에 대한 변혁적 접근

영어에는 'Prediction, Foresight, Forecast, Prophecy'처럼 '미래를 미리 짐작한다'는 의미의 단어가 여러 개 있다. 미세한 뉘앙스의 차이가 있지만 굳이 번역하자면 '예견, 예지, 예보, 예언' 정도가 될 것 같다. 뜻의 차이를 본다면 '예견Prediction'이란 특정 시점에서 특정 일이 일어날 것을 짐작하는 것이고 '예지Foresight'는 우리가 창조할 수 있는 미래를 생각하게 하는 것이다. 그리고 '예보Forecast'는 현재 추세가 미래에도 지속될 것이란 가정하에 추측하는 것이다. 아마도 마케터에게 중요한 미래는 '예견, 예보, 예언' 보다는 '예지'일 것 같다. 왜냐하면 마케터는 자기가 맡은 브랜드의 미래상을 계획하고 실현시키는 사람이기 때문이다.

2014년 개봉한 더그 라이만Doug Liman 감독의 영화 「에지 오브 투모로우」의 주인공 빌 케이지는 같은 시간대를 반복해서 겪게 되는 타임 루프에 갇힌다. 전투의 미래를 먼저 경험하고 죽은 다음 다시 살아날 때마다 앞으로 벌어질 상황에 미리 대처한다. 하지만 이미 경험한 순간의 다음 상황은 아직 경험하지 못한 또 다른 미래이기에 결국 그는 다시 실패한다.

비즈니스 현실에서도 마찬가지다. 미래를 상당히 근접하게 예측했다 해도 그다음 미래는 여전히 알기 어렵다. 게다가 시장에서는 경쟁자의 행동이 새로운 흐름을 만들어 미래의 방향을 바꿔버린다. 이렇듯 예측이란 예측한 그대로 상황이 전개되지 않는 것이 오히려 정상이다. 마케터는 불확실성을 적극적으로 환영해야 한다. 시카고 학파 창시자인 프랭크 나이트Frank H. Knight 교수는 "불확실성은 적이 아니며 거대한 기회가 존재하는 장소다."라고 했다. 즉 미래 가능성의 시공간은 아직 결정된 것이 아니므로 미래의 불확실성은 위험한 것만이 아니라 기회의 공간이 될 수도 있다.[97]

'미래를 대비한다'는 것을 어떤 상황에 딱 맞는 맞춤 대응 하나를 준비하는 것으로 이해하는 것은 편협한 생각이다. 미래 대비는 하나의 구체적인 액션이 아니라 변화의 흐름이 어디로 가든 대처할 수 있는 능력을 키우는 것이 최우선이 된다. 즉 미래에 대한 통제력을 강조하는 변혁적 접근을 선택하는 것이 마케터에겐 더 현실적인 관점이다.

동네 태권도장에 가보면 어린아이들이 줄을 맞춰서 '품새'라 불리는 연속동작을 한다. 이를 일본 가라테 도장에서는 '카타かた'라고 부르고 중국 우슈관에서는 '투로套路'라고 부른다. 이런 품새, 카타, 투로는 무술 기본기의 반복 연습을 위해서도 실시하지만 본디 실전 상황을 가정하고 방어와 공격의 방법을 패턴화한 동작의 모음이다. 보기에는 멋지지만 실전성이 있을지는 의문이다. UFC가 인기를 끈 이래 종합격투기MMA 하면 떠오르는 무술이 '주짓수'다. 주짓수는 일본의 유술이 브라질에 건너가 격투가 집안인 그레이시 가문Gracie family에서 발전한 무술이다. 그라운드의 공방의 수련이 주가 되는 주짓수에 상대 동작의 예측과 미리 준비된 해법을 적용하는 투로는 없다. 동작의 예측을 전제로 한 카타나 투로보다 좀 더 변혁적인 미래 대비 전략이다. 실전 마케팅은 주짓수처럼 연습하는 것이 미래 대응에는 유리하다. 부정확한 예측에 기대기보다는 상대의 움직임에 창의적으로 대응하는 훈련이 보다 실전적일 것이다.

미래 전략을 수립해야 하는 5가지 이유

'왜 마케터는 미래를 대비하기 위한 전략을 수립해야 하는가?'
근본적인 질문으로 되돌아가 보자. 윤기영, 김숙경, 박가람은 공저 『디지털 트랜스포메이션을 위한 비즈니스 모델링』에서 미래 전략을 수립해야 하는 이유로 다음의 5가지를 꼽고 있다.

1. 미래 전략과 정책의 수립
2. 미래 위험관리
3. 계획된 선행학습
4. 사회적 합의 과정
5. 미래 창의성 촉발

모든 미래 전략과 정책은 미래의 불확실성을 포용할 수 있어야 한다. 그리고 예측할 수 없는 미래에 적응할 수 있는 조직탄력성의 확보를 위해 선행학습이 되어야 한다.[98]

그러나 오늘 하루의 경쟁도 견디기 힘든 약자에게 미래의 불확실성을 포용하고 미래의 변화 패턴에 따라 유연하게 대응하라는 조언은 현실감이 없게 들릴 것이다. 현재의 경기장에서 그곳의 지배 법칙을 준수하면서 미래를 대비한다는 건 어려운 숙제일 수밖에 없다. 그러나 프랭크 나이트의 지적처럼 오늘의 약자에게 미래는 약자의 자리를 벗어날 수 있는 가능성의 시간이다. 그래서 약자는 미래 전략을 세워야 한다.

주도적인 미래

'미래에 대한 주도권' 문제도 생각해봐야 한다. 어렵게 세운 미래 전략이 힘도 못 써보는 상황을 당하지 않게 하려면 주도권을 잡아야 한다.

콜롬비아를 배경으로 한 미국 드라마 「나르코스」에서 재미있는 상황을 발견할 수 있다. 메데인 카르텔*의 파블로 에스코바르 가리비아Pablo Emilio Escobar Garivia가 정부의 압박으로 견딜 수 없는 상황에 몰리자 정부에 기발한 제안을 한다. 바로 자기가 직접 감옥을 짓고 그 안에 스스로를 가둔다는 조건부 투항이다. 정부는 거칠기만 한 마약왕을 전쟁을 벌이지 않고 잡을 수 있다는 것이 정치적으로 매우 유리한 제안이었기에 수용할 수밖에 없었다. 그런데 막상 그를 감옥에 수감하고 보니 정부도 더 이상 추궁할 근거가 없어졌다. 에스코바르의 입장에서는 감옥을 경비하는 정부군을 자신을 지켜주는 경호부대로 고용한 꼴이 된다. 이런 상황에서 에스코바르는 자신이 지은 감옥에 수감된 채 마약 사업을 더 확장한다. 정부는 범죄자를 감옥에 가둔다는 현재를 선택했지만 쫓기던 에스코바르는 사업의 지속이라는 미래를 선택한 것이다. 결국 마약왕은 스스로 체포됨으로써 자신의 미래를 주도한 것이다.

19세기 프랑스의 화가들에게 가장 중요한 숙제는 매년 열리는 '살롱(예술전람회)'의 심사에서 좋은 평가를 받는 것이었다. 그런데 살롱의 평가는 전통 회화 기법을 기준으로 하고 있었는데 대단히 완고하게 지켰다. 올바른 원근법, 정밀한 묘사, 도덕적인 표현 수위, 전형적인 콘텐츠와 제목 등이 그것이다. 그런데 전형적인 주제인 신화, 역사, 영웅담이 아니라 일상생활의 모습을 그리거나 매춘부

---

*   1970년대 콜롬비아 제2의 도시 메데인에서 결성된 마약 카르텔

처럼 도덕적이지 못한 주제를 선택하는 일단의 화가들이 나타났다. 당연히 그들은 전시에 초대받지 못했고 실패한 화가로 치부되었다.

살롱에 초대받지 못함으로써 밝은 미래에 대한 희망이 사라진 화가들의 결론은 자신들이 주도권을 가져야 한다는 것이었다. 그들은 살롱에서 벗어나 독자적으로 자신들만을 위한 전시회를 열고 미래를 자신들이 원하는 방향으로 변혁하는 첫걸음을 내디뎠다. 그 루저들이 바로 인상주의 운동을 주도한 에두아르 마네Edouard Manet, 에드가 드가Edgar De Gas, 폴 세잔Paul Cézanne, 클로드 모네Claude Monet, 카미유 피사로Camille Pissarro다. 이 위대한 루저들은 살롱이라는 공간과 전통 회화 기법이라는 세상 밖으로 나와 독자적인 길을 걸었다. 이 결정은 수많은 약자에게 주도권을 쥐려는 용기가 어떤 미래를 만들 수 있는지 보여주었다.

불확실성을 기회로 삼고 예측보다는 변화의 패턴에 대한 대응력을 키우는 것이 미래를 대비하는 마케터의 자세다. 『논어』의 「위령곡편」에 미래를 생각하라는 공자의 말씀이 나온다.

"멀리 내다보지 않으면 가까운 데서 근심거리가 생긴다."

5장

신영식 CMO 실전사례

1
티볼리

 2015년 출시 이후 1년 내내 티볼리는 화제의 중심에 있었다. 연말에『동아 비즈니스 리뷰DBR』는 그해의 성공 브랜드를 모아 스페셜 리포트를 발간하면서 티볼리를 첫 번째 사례로 실었다.『동아 비즈니스 리뷰DBR』는 '티볼리는 후발주자임에도 소형 SUV 시장을 선도하는 카테고리 리더로 자리매김했다.'라고 평가했다.[99]

 티볼리는 출시 첫해에 쌍용자동차 국내 매출의 45퍼센트를 차지할 만큼 성공한 자동차이지만 출시 전에는 고민이 많았다. 시장에 제일 늦게 진입했음에도 차량 성능면에서 자랑할 만한 장점이 없었기 때문이다. 연비는 QM3보다 낮고 출력은 트랙스보다 약했다. 역사상 '가장 가성비 좋고 파워 있는 소형 SUV'로 평가받았지만 출시 직전의 티볼리는 뚜렷한 경쟁력이 없는 후발 브랜드에 불과했다.[100]

 고객들에게 강하게 어필할 수 있는 브랜드로 키워내기 위해서 티볼리는 'SUV 범주화 전략'과 '가격비교점 이동 전략'을 시도하였으며 수년간에 걸쳐 시행된 '에지 전략'으로 최적의 포지셔닝을 구축할 수 있었다.

SUV 범주화 전략

티볼리는 국내 고객에게 낯선 크기의 차라서 경차와 비교될 가능성이 높았다. 스스로의 소속을 명확히 하지 않으면 값만 비싼 경차로 보일 우려가 있었다. 이런 문제를 해결하기 위한 전략이 티볼리를 SUV의 한 종류로 인식시키는 SUV 범주화Categorization였다. 일반적으로 SUV는 세단보다 크고 안전하고 조금 비싼 차종으로 인식한다. 그러므로 고객에게 SUV로 인정받으면 안전 우려도, 가격 저항도, 부족한 공간성에 대한 시비도 한 방에 해결할 수 있다. 게다가 'SUV의 명가'라는 쌍용자동차의 브랜드 헤리티지와 시너지를 발휘할 수 있다.

이런 전략적 판단하에 개발 단계부터 티볼리를 SUV로 범주화하는 작업을 했다. 외관 디자인은 레인지로버 이보크의 날렵한 라인을 참고했고 브랜드명은 코펜하겐의 테마파크 티볼리에서 가져왔다. 그리고 광고에서는 스스로를 SUV라고 주장했다. 출시 시점부터 지금까지 쓰고 있는 '나의 첫 번째 SUVMy First SUV'라는 슬로건이 이를 잘 말해준다.

가격 비교점 이동 전략

일단 'SUV 범주화'로 '소형 SUV'라는 이전에는 없던 새로운 카테고리의 선발주자가 되었다. 다음으로 힘과 연비 면에서 각각 장점을 가진 트랙스, QM3와의 직접적인 가격 비교를 방지하는 전략이 필요했다. 엉뚱하게도 그 해답은 마크 월버그Mark Wahlberg, 샤를리즈 테론Charlize Theron, 에드워드 노튼Edward Norton 주연의 2003년작 「이탈리안 잡」에서 찾았다. 이 영화는 미니에 의한, 미니를 위한 영화라고 불릴 만큼 BMW 미니가 영화의 중심이다. 영화에서 보여주는 날렵하고 세련된 미니의 이미지가 바로 티볼리가 추구해야 할 포지셔닝이었다. 그리고 만일 티볼리가 미니와 직접적으로 비교되게 유도할 수만 있다면 미니의 후광을 이용하여 가격 비교점을 상향 이동할 수 있다고 판단했다. 즉 미니의 강력한 브랜드 파워를 이용하면 QM3나 트랙스와의 직접 비교를 피할 수 있다는 아이디어였다.

이 전략의 실행을 위해 미니와의 유사성 강화를 위한 각종 마케팅 활동을 펼쳤고 '티볼리는 한국의 미니가 되고자 한다'는 의도적인 언론 플레이를 시작했다. 당연한 결과지만 거의 모든 언론 기사에는 비웃음이 넘쳐났다. 그러나 바로 그런 노이즈가 트랙스나 QM3를 티볼리의 비교 대상에서 지워버렸다. '쌍용차, 3년간 야심차게 준비한 신차 티볼리…BMW 미니 잡을까'[101]라는 기사 제목처럼 고객의 관심은 동종 차와의 직접 비교 대신 '미니 반값짜리 차의 성능은 과연 어떨까?'라는 질문으로 옮겨졌다. 가격 저항을 무력화하기 위한 가격 비교점 이동 전략이 보기 좋게 맞아떨어졌다. 흥미로운 것은 티볼리 가격에 대해서는 해외에서도 긍정적인 반응이 더 많았다는 점이다. 티볼리가 영국에 출시되었을 때 『선데이타임스』는 티볼리를 '3분의 1 가격의 레인지 로버 이보크'라며 가성비를 칭찬하는 호의적 보도를 내보냈다.[102]

에지 전략과 다이내믹 포지셔닝

티볼리는 미니를 끌어들인 가격 비교점 이동 전략과 SUV 범주화 전략으로 '작지만 가성비 좋고 안전한 SUV'로 불리기 시작했다. 다음으로 해야 할 일은 티볼리만의 고유한 브랜드 아이덴티티를 구축하는 것이었다. 하나의 브랜드를 키우는 일은 지속적인 제품혁신과 커뮤니케이션 노력을 통해 구축해가는 것이다. 티볼리는 블록을 쌓아 올리듯이 차근차근 브랜드를 만들어가는 '다이내믹 포지셔닝' 기법으로 브랜드를 구축했다. '에지 있는 스타일'이란 주제로 출시한 이후 '파워' '공간' '안전' '스마트' '연결' '개성' 등의 개념이 추가됐다. 이렇게 몇 년에 걸쳐 진행된 이미지 누적 전략의 코드네임이 '에지 전략'이다.

제품 개선과 새로운 에지의 제시로 포지셔닝을 강화한 티볼리의 다이내믹 포지셔닝 전략은 언론에도 소개되었다.

티볼리 에지 전략 – 다이내믹 포지셔닝의 적용 사례

 '티볼리는 2015년 1월 스타일 에지를 표방하며 세련된 디자인으로 출시되어 큰 반향을 일으켰다. 이어 같은 해 7월 디젤 모델과 동급 최초로 사륜구동 모델을 선보이며 드라이빙 에지를 강조했으며 2016년 3월에는 롱바디 모델인 티볼리 에어를 출시해 스페이스 에지를 완성했다. 또 같은 해 9월 동급 최초로 첨단 운전자 보조 시스템ADAS, AdvancedDriverAssistanceSystems을 적용해 안전성을 강화한 세이프티 에지로 차별화를 꾀했다. 이에 그치지 않고 최근 디자인을 개선한 티볼리 아머와 함께 주문 제작이 가능한 기어 에디션을 선보이며 고객 니즈를 충족시키는 에고 에지 강조에 나섰다.'[103]

스타일 에지

2015년 1월 티볼리는 '스타일 에지가 있는 SUV'를 표방하며 가솔린 모델을 출시했다. SUV는 디젤 엔진을 장착한 투박한 차라는 인식이 지배적인 시장에 세련된 스타일을 전면에 내세움으로써 차별화를 시도했다. 광고에서는 '첫차부터 에지 있게'라는 내레이션과 함께 도심을 배경으로 달리는 티볼리를 보여주었다.

드라이빙 에지

6개월 후인 2015년 7월 디젤 모델 출시와 함께 파워풀한 드라이빙을 강조하여 SUV 정체성을 강화한 '드라이빙 에지' 광고가 방영되었다. 강력한 파워를 보이기 위해 경주용 트랙을 거침없이 질주하는 모습을 구현했다. 티볼리가 스타일은 물론 드라이빙 능력까지 우수하다는 의미를 전달하기 위해 '스타일 에지에 드라이빙 에지까지'라는 카피가 사용되었다.

스페이스 에지

다시 반년 후인 2016년 3월 트렁크 사이즈를 늘린 롱바디 '티볼리 에어'를 출시하면서 '스페이스 에지'를 추가했다. 늘어난 스페이스를 '라이프스타일 확장'으로 해석한 TV 광고 캠페인이 실시되었다.[104]

세이프티 에지

2016년 9월에는 자율주행기술을 적용한 안전 패키지를 도입했다. 동일 차급에는 장착되지 않은 '첨단 운전자 보조 시스템ADAS'을 저렴한 가격으로 제공했다. 주머니는 가볍고 운전 경력은 짧은 고객들의 열렬한 환영을 받았다.[105]

에고 에지

2017년 출시된 현대차의 코나와 기아차의 스토닉의 도전에 티볼리는 '개인별 주문제작'이라는 개념으로 밀레니얼 세대의 감성을 자극하는 데 성공했다. 그해 7월 출시한 티볼리 '아머 I'과 다음 해의 '아머 II' 콘셉트는 '나는 나, 나는 티볼리I am me, I am Tivoli'라는 슬로건이 잘 설명해준다. 2년에 걸친 주문제작 티볼리 프로그램 때문에 티볼리는 작지만 파워풀하고, SUV이지만 세련되고 쿨한 차라는 포지셔닝을 더 강화할 수 있었다.

소형 SUV 고객은 '나'와 '나의 삶'이 가장 중요한 가치가 되는 세대다. '나다움'을 원하는 이들이 천편일률적인 디자인에 만족할 리 없다. 그리고 그 불만족의 원인은 '다양성의 부족'이 아니라 '선택권의 부재'가 더 크다. 그래서 나온 것이 이들에게 선택권을 돌려준다는 '에고 에지' 포지셔닝이었다.

스마트 에지

최신 기술을 적극적으로 도입한 경쟁 브랜드 대비 올드한 이미지를 가지게 될 위험을 줄이기 위해 '양방향 풀미러링'을 도입했다. 스마트폰과 티볼리의 싱크로 기능을 강화한 '스마트 에지' 포지셔닝은 '폰이 차를, 차가 폰을 제어한다'는 슬로건으로 풀어냈다.

2
라푸마

　약자에게는 언제나 게임에 불리한 약점이 있다. 약자들은 흔히 이 약점을 지워버리는 데 거의 모든 자원과 에너지를 투입한다. 하지만 약점을 없앤다고 약자의 위치를 벗어날 수 있는 것은 아니다. 약자가 강자에게 승부를 걸려면 게임의 룰에 도전해야 하는 것이며 약점을 지우기보다는 약점을 강점으로 바꾸려는 시도를 해야 하는 것이다. 회사의 사업구조에서 오는 태생적 약점을 강점으로 이용하여 시장의 게임의 룰이 바뀌도록 유도하는 데 성공한 전형적인 사례가 아웃도어 패션 브랜드 라푸마이다. MCMD 프레임워크로 본다면 체인지 전략의 성공사례라 할 수 있다.

약점을 강점으로

2000년대 초 LG패션(현 LF)은 프랑스의 아웃도어 브랜드인 라푸마를 도입했다. 그때까지 라푸마는 국내 기업의 관심을 끌지 못했다. 아마도 라푸마가 국내 시장의 전통적 강자들이나 유럽의 프리미엄 브랜드들과 경쟁하기에는 약하다고 판단했던 것 같다. 그리고 라푸마의 국내 진출 이후 업계의 우려는 현실이 되었다. 결국 2006년 말에 LG패션은 실적 부진에 시달리던 라푸마 브랜드의 미래를 고민하고 있었다.

회사 내부적으론 라푸마의 실적 부진의 원인을 라푸마의 이미지가 아웃도어 패션스럽지 못하기 때문이라고 판단하고 있었다. 일반적으로 등산복은 남성복의 비중이 크고, 색상은 무채색 특히 검정 계열이 대세이고, 원단은 질기고 더러움이 안 타는 것이 선호된다. 옷의 패턴은 움직임이 편하도록 박스형 아우터와 통이 넓은 일자바지가 기본이다. 시장을 리드하는 브랜드들은 앞다투어 거친 야성미와 남성적인 이미지를 내세우고 있었다.

그러나 라푸마는 모기업 자체가 아웃도어 패션에 대한 전문성이 부족했고 브랜드가 추구하는 방향 자체가 아웃도어보다는 일반 캐주얼 같은 가벼움과 화려함을 가지고 있었다. 게다가 프랑스 브랜드라는 태생적인 이미지가 더해져 정통 아웃도어 브랜드라기보다는 아웃도어 스타일의 캐주얼로 여겨지고 있었다. 아웃도어보다는 캐주얼 브랜드나 스포츠 패션 브랜드와 경쟁하는 형국이 되었다.

결국 아웃도어스럽지는 못하면서 캐주얼보다는 덜 패셔너블하고 스포츠보다는 기능성이 떨어지는 애매한 브랜드 포지셔닝이 형성되었다. 이러한 상황에서 라푸마 같은 최약체 브랜드는 경쟁자들이 지배하는 게임의 룰에 복종할수록 입지가 더 약화된다. 갑작스레 브랜드에 상남자 프레임을 덮으려고 해봐야 큰 호응을 받기는 어렵다. 그렇다고 기존대로 가면 여전히 하류 브랜드에 머물 수밖에 없다. 나를 바꿀 수 없다면 결국 시장을 바꿔야 한다는 판단 아래 새로운 게임의 룰을 찾기 시작했다. 이 과정에서 세 가지 가능성을 발견했다.

첫째는 등산복에 패션성을 부여하는 것이다. 등산복이 거친 재질에 무채색 일변도였던 이유는 '등산복은 입어서 편한 옷'이라야 한다는 막연한 믿음 때문이었다. 이런 착용감을 우선하는 믿음은 등산을 힘들고 고통스러운 단련으로 생각한 탓이다. 하지만 사실 등산은 즐거운 레저생활이고 산은 사람들과의 교류의 현장이다. 즐거움과 소통의 자리에는 작업복보다는 나를 멋지고 세련되게 연출해주는 패션이 더 어울린다.

둘째는 등산복의 타깃을 남성으로 한정 짓지 말자는 것이다. 인구의 절반은 여성이고 등산객의 절반도 여성이다. 그리고 패션의 경우 여성의 구매력이 남성보다 크다. 그러므로 여성만을 고객으로 해도 시장은 충분히 크다.

세 번째는 국내 아웃도어 패션 회사 중 LG 패션만이 일반 패션을 업의 본질로 하고 있다는 점이다. 대부분 아웃도어 패션 업체는 배낭, 텐트, 신발 등 아웃도어 용품에서 출발했다. 반면에 LG패션은 하이 패션에서 매스 패션까지 다양한 브랜드 포트폴리오를 가진 패션 대기업이다. 컬러와 디자인으로 대변되는 패션성이 강점이다. 따라서 실용적인 등산복은 잘 못 만들더라도 패셔너블한 옷은 훨씬 잘 만들 수 있다.

이러한 발견을 바탕으로 '약점을 보완하는 대신 강점을 밀고 간다. 어차피 기능성은 전문업체들을 못 따라잡으니 패션성으로 간다.'는 라푸마 재도전 전략 방향이 결정되었다. '나를 위한 옷'이라는 기존의 게임의 룰을 '남에게 멋지게 보이게 해주는 옷'으로 바꾼다는 전략적 의사결정이었다.

라푸마의 제품라인업은 화려한 색상, 대담한 문양, 그리고 몸에 밀착되는 패턴 중심으로 바꿨다. 극한의 기후 조건과 싸우는 진지함이라는 기존의 광고문법도 버렸다. 화장대 앞에 앉아 메이크업하던 여인이 갑자기 커튼을 젖히고 몸에 로프를 두른 채 절벽으로 점프한다. 빅월을 하강하는 여자 모델은 핑크색 윈드재킷에 보라색 나비 문양의 등산화를 신었다. 게다가 절벽 아래에서 그녀를 바라보는 사람들은 힙합패션의 젊은이들이다. '신경써라! 산에도 시선이 많다'라는 카피와 함께 광고는 마무리된다.

2007년 가을-겨울 FW 시즌에 라푸마가 '자신의 스타일을 자랑하는 등산복'이라는 화두를 던지자 전 아웃도어 브랜드가 이에 즉각 반응했다. 그 결과 2008년 봄-여름 SS 시즌이 시작되었을 때 백화점의 아웃도어 브랜드 층은 화려함의 극치였다. 이후 패셔너블한 아웃도어의 열풍이 시작되면서 아웃도어 시장은 거대한 규모로 성장해갔다. 트렌디한 삶이 있고 아름다운 패션이 살아 있는 라푸마에 시장은 열광적으로 반응했다.

2006년 200억 원이 못 되던 라푸마의 연매출은 2007년 400억 원으로 성장했다. 2007년 가을-겨울 FW 시즌만의 성과로 전년 대비 2배를 넘겼으니 사실 시즌 매출은 목표의 3배 이상을 달성한 셈이다. 그리고 다시 2008년에는 800억 원을 돌파했다.

마이너 브랜드 라푸마가 만든 작은 충격은 시장을 지배하던 게임의 룰을 바꾸는 결과를 이루어냈다. 라푸마는 블루오션을 찾아 길을 떠난 게 아니라 자신이 항해하고 있는 바다의 색깔을 파란색으로 바꾼 것이다.

3
윈저 17

 1990년대 초반만 해도 두산씨그램은 패스포트와 썸씽스페셜 브랜드로 스탠더드급 스카치위스키 시장을 독점한 최강자였다. 그러나 경쟁자가 12년산 프리미엄급 위스키를 출시한 이후 시장 판도가 바뀌었다. 진로의 '임페리얼클래식 12'가 출시되고 곧이어 하이트의 '딤플 12'가 나오면서 위스키 시장은 12년산이 주도하게 되었다. 두 브랜드가 강력한 입지를 다진 시점에 한발 늦게 출시된 '윈저 12'는 점유율이 20퍼센트에 못 미치는 허약한 상태에서 경제 위기를 맞았다. 1998년 국내 주류 시장은 핵폭탄이 터진 직후의 도시 풍경 같았다. 유흥업소의 줄폐업이 이어지고 위스키 연간 소비량은 절반으로 줄었다.
 1999년이 되자 다행히 경기가 빠른 속도로 회복되면서 위스키 시장도 조금씩 회복세를 보이기 시작했다. 경기 회복에 대한 기대

감이 살아나자 두산씨그램 그룹 내부에서는 미래 전략에 관한 토론이 시작되었다. 뉴욕 본부와 싱가포르의 아시아 본부는 중저가의 스탠더드급 위스키 위주로 포트폴리오를 재편해야 한다고 주장했다. 그러나 한국 시장의 특성상 소비가 회복되는 탄력성은 프리미엄급이 스탠더드급보다 높을 것이라는 두산씨그램의 주장이 받아들여져 프리미엄화로 전략 방향이 수정되었다.

윈저 더블엑스 프로젝트

프리미엄급 강화라는 전략 방향에 맞추어 두산씨그램은 숙성연도 15년짜리 슈퍼프리미엄급 위스키 개발에 착수했다. 이 프로젝트의 코드네임이 '윈저 X(싱글 엑스)'였다. 그런데 문제가 하나 있었다. 마켓 리더 진로가 숙성연도가 없는 제품을 밀면서 게임의 룰을 브랜드 중심으로 바꾸고 있었기 때문이다. 15년산의 시장 안착을 위해서는 싸움의 어젠다를 브랜드에서 숙성연도로 옮겨야 했는데 그러기에 3년의 차이는 좀 약한 감이 있었다.

"17년 원액을 12년 원액 가격으로 구매할 의향이 있습니까?"

어느 날 저녁 걸려온 이 한 통의 전화가 대한민국 위스키 시장의 미래를 바꿨다. 전화를 건 시바스리갈 대표에게 17년산 원액의 공급 가능 총량을 물었다. 전부 270만 리터라 했다. 500밀리리터 병으로 환산하면 540만 병 분량이다. 즉석에서 수급 가능한 원액을 전부 구매하기로 결정했다. 시바스리갈과 위스키 원액 제조사들은 모두 환호했다. 아시아의 경제 위기로 고급 위스키의 판매처를 찾지 못한 위기 상황이었기 때문이다. 매년 숙성고에서 새로 출고되는 위스키 원액은 판매처가 없으면 그대로 재고로 쌓이게 된다.

원액의 독점은 경쟁 전략상으로 의미가 크다. 왜냐하면 숙성기간 때문에 최소 2년은 경쟁자의 진입을 막을 수 있기 때문이다. 숙성기간이 길어진 것을 표현하기 위해 프로젝트 이름을 'X'를 하나 추가한 '윈저 XX(더블 엑스)'로 변경했다.

17년 숙성 위스키 콘셉트는 꼴찌 브랜드 윈저를 일등으로 밀어올릴 수 있는 강력한 카드였다. 위스키는 총수요가 급격히 늘어나는 제품이 아니므로 17년산 수요가 늘면 12년산 비중은 자동으로 줄어들게 된다. 만일 17년의 비중을 총 시장의 30%까지 끌어올린다면 12년산의 규모는 현재의 70% 수준으로 줄어든다. 자연히 경쟁자들의 매출도 30%가 줄어들게 된다. 윈저12의 점유율도 20%에서 14%로 줄겠지만 17년 시장을 독점한 윈저 17년의 30%를 더하면 윈저 브랜드의 총 시장 점유율은 최대 44%까지 올라갈 수 있다는 꿈같은 계산이 나왔다. 값이 비싼 17년산의 비중이 크기 때문에 매출액 점유율은 50%를 훌쩍 넘게 된다. 이것이 시장 선두 탈환을 목표로 시작된 윈저 XX 프로젝트의 실체다.

극비리에 프로젝트를 수정했다. 숙성연도가 17년이 되면서 제품 개발은 물론 브랜드 전략, 가격 정책, 유통 전략까지 다 바꿔야 했다. 그리고 프로젝트의 폭발력을 높이기 위해서 보안은 필수였다.

그러나 학연과 지연으로 얽힌 우리나라 사람들에겐 비밀이 없다. "너만 알고 있어!" 한마디면 일급비밀도 흘러나간다. 보안 유지는 거의 불가능하다는 판단 아래 두 가지 조치를 했다.

첫째, 프로젝트의 진실을 아는 관계자를 단 네 명으로 한정했다. 고위급 임원 누구도 갑자기 프로젝트의 이름에 'X'가 하나 더 붙어 'XX'가 된 이유를 몰랐다.

둘째, 보안이 어렵다면 반대로 가자는 생각으로 적극적으로 정보를 흘렸다. 정보 누출의 경로를 파악할 수 없었기에 같은 회사 식구도 역공작의 대상으로 삼았다. 프로젝트 내용은 대부분 사실대로 오픈했지만 숙성연도 한 가지만 살짝 비틀었다. 아무 말 없이 그냥 이곳저곳에서 15년이란 글자가 보이게 했다. 프레젠테이션 슬라이드와 광고 기획안에도 의도적으로 '15년'이라는 글자를 노출시켰다.

역공작의 효과인지는 모르겠지만 갑자기 경쟁사는 임페리얼 15년 개발을 시작했다. 엄청난 노력 끝에 경쟁사 진로발렌타인스는 '윈저 17'보다 2주 앞서 '임페리얼 15'를 출시하는 데 성공했다. 그러나 진실은 그들이 먼저 출시한 게 아니라 윈저 17의 출시 시점을 일부러 늦춘 것이다. 그들이 임페리얼 15를 출시하기 2주 전에 윈저 17은 이미 출고 대기 중이었다. 경쟁사의 추격 의지를 완전히 꺾기 위한 의도적 출시 지연이었다.

윈저 17의 출시 예고 광고가 시작된 것은 임페리얼 15 출시일 아침이었다. 그때까지 시장의 믿음은 '윈저 신제품은 15년산이며 가격은 12년산보다 30% 정도 높을 것'이라는 것이었다. 출고가 확인을 못 한 경쟁사는 결국 12년보다 30퍼센트 정도 높은 가격으로 임페리얼 15년을 출시했다. 임페리얼 15가 전국 도매상과 유흥업소에 충분히 깔린 것을 확인한 열흘 뒤 윈저17년은 12년보다 20% 높은 가격으로 출시됐다. 예상대로 17년산보다 비싼 15년산에 대한 불만이 터져 나오면서 전국적인 반품 러시가 시작됐다.

윈저 17의 성공은 예상보다 빨리 찾아왔다. 전 세계 주류 판매 데이터를 집계하는 IWSR International Wine and Spirit Record은 윈저 17의 출시 첫해 판매량이 슈퍼프리미엄 위스키 세계 1위인 '발렌타인 17'을 20% 앞섰다고 발표했다. 발렌타인의 매출은 100여 개 국가와 전 세계 면세점 판매량을 합한 숫자였다. 반면에 윈저 17은 면세점 입점도 안 된 상태였으니 순수하게 국내 판매량만으로 만든 결과였다. 그 후로 윈저 17은 윈저 브랜드를 국내 최대 브랜드로 끌어올렸다. 출시 첫해 세계 최대 슈퍼프리미엄 위스키 브랜드로 등극한 윈저 17은 20년 이상 전 세계 1등 자리를 지키고 있다.

4
코란도

2011년 초 인도 마힌드라 그룹에 인수된 쌍용자동차는 'SUV, SU-T_{Sports Utility Truck}, MPV_{Multi-Purpose Vehicle}, 럭셔리 세단'의 4개 차종에 '코란도 C, 렉스턴, 카이런, 액티언, 액티언 스포츠, 로디우스, 체어맨'이라는 7개 브랜드를 운용하고 있었다. 그런데 7개 브랜드가 올린 2011년 국내 총매출은 연 7,000억 원 수준으로 타 회사의 브랜드 하나보다도 작았다. 이처럼 매출이 작은 여러 브랜드로 분산된 브랜드 포트폴리오는 각 분야에서 투자 효율을 심각하게 떨어뜨린다. 그래서 선택한 전략이 여러 브랜드를 하나의 브랜드 아래로 그룹화하는 엄브렐러 브랜드 전략_{Umbrella Brand Strategy}이었다.

엄브렐러 브랜딩 전략

일차적으로 레저용 차량을 '코란도' 브랜드로 통합하는 계획이 세워졌다. 코란도는 2006년에 단종 이후 5년의 공백이 있었지만 사내 어느 브랜드보다도 고객 인지도가 높았고 SUV 연상이 강했기 때문이다.

브랜드 통합 과정은 3년에 걸쳐 이루어졌다. 2011년 출시한 준중형 SUV는 '코란도 C'로 2012년에는 '액티언 스포츠'를 '코란도 스포츠'로, 그리고 2013년 '로디우스'를 '코란도 투리스모'로 변경 통합했다. 코란도의 액티브한 SUV 이미지의 후광을 입은 '코란도 스포츠' 픽업과 '코란도 투리스모' 승합차는 상업용 차량에서 아웃도어 라이프 맞춤 차량으로 이미지 변신에 성공했다. 결과적으로 액티언 브랜드와 로디우스 브랜드를 코란도로 통합하는 시도는 대성공이었다. 코란도 3형제를 합한 연간 총매출이 1조를 넘으며 코란도를 국내 10대 브랜드에 오르게 했다.

화물차, 승합차, 승용차라는 이질적인 차종의 브랜드 통합은 세계적으로도 희귀한 사례다. 엄브렐러 브랜드 전략은 이후 회사의 전 브랜드로 확장 적용되어 '코란도, 티볼리, 렉스턴'의 3그룹으로 구성된 '멀티 엄브렐러 브랜드 포트폴리오' 전략으로 진화했다.

5
닥터키친

 2015년 설립된 닥터키친은 밀키트 콘셉트를 당뇨와 암환자를 위한 케어푸드의 영역에 도입하여 새로운 시장을 만들어낸 스타트업이다. 닥터키친은 환자식에 요구되는 세 가지인 '지속 가능성, 효과성, 신뢰성'을 핵심 경쟁력으로 삼고 사업을 전개해왔다.

 환자에게 식이요법의 지속가능성은 중요한 이슈이다. 그런데 환자식은 대개 일반식보다 맛이 없고 식재료 구입과 조리를 별도로 해야 한다는 부담이 있다. 닥터키친은 전문 셰프와의 협업을 통해 '환자식이니 맛이 없어도 참고 먹어야 한다.'라는 패러다임을 '환자식도 맛이 있다.'로 바꾸는 시도를 했다. 또한 환자식 밀키트의 정기배송 서비스를 도입해 조리와 장보기의 불편함도 해소했다. 한편 특정 질환자를 위한 식이요법은 효과와 신뢰성 역시 대단히 중요하므로 종합병원과 함께 식이요법의 임상실험을 실시하여 효과를 입증하는 노력을 기울였다.

창업 이후 시장 여건은 매우 우호적이었다. 밀키트 시장과 온라인 쇼핑의 폭발적인 성장, 케어푸드 시장의 전문화, 구독경제의 활성화 등 사업 환경만 본다면 닥터키친의 질환식 구독모델은 성장 가능성이 높았다. 그러나 코로나 팬데믹으로 온라인 쇼핑과 밀키트의 열풍이 분 2020년에도 닥터키친의 케어푸드 매출은 정체 상태였다. 새로운 변신이 필요했던 닥터키친은 스스로의 사업모델을 분석하여 5가지 문제점을 찾아냈다.

스타트업의 사업 재편 전략

첫째, 타깃 고객의 정의가 너무 좁았다. 특정 질환자를 위한 환자식의 참여자는 대개 구매자, 조리자, 취식자로 나뉘는데 이 3자의 합의가 이루어져야 하는 공동 의사결정이라는 점이 간과되었다. 예를 들어 도시에 사는 딸이 고향에서 당뇨환자 아버지가 드실 환자식을 조리하는 어머니를 위해 구매하는 경우를 보자. 이 경우 딸은 가성비 좋고 믿을 수 있는 브랜드를 원하고, 어머니는 조리와 보관의 편리성에 관심이 있고, 아버지는 입맛에 맞는 식사를 원한다. 구매 브랜드 선택권은 딸이 가지지만 어머니나 아버지는 거부권을 가지게 된다. 그러므로 이들 3자의 인사이트를 깊이 이해하고 절충적인 대안을 찾아내는 노력이 필요했다.

둘째, 고객의 학습효과를 고려하지 않았다. 처음으로 식이요법을 권유받은 당뇨환자는 일단 당황하게 된다. 지식도, 경험도 없는 상태에서 식이요법이라는 새로운 상황을 만나게 되었으므로 전문가에게 의지하게 된다. 그들은 닥터키친 같은 신뢰할 만한 간편 조리 키트에 매력을 느낄 수밖에 없다. 그러나 당뇨 진행과 함께 당뇨식 조리 경험과 지식이 늘어가면서 타인이 짜주는 식단대로 움직이기보다는 스스로 식단을 구성하고 직접 장을 보게 된다.

셋째, 정기 구매는 당연히 구독경제 모델이라는 착각. 닥터키친이 판매하는 당뇨식단은 하루 2끼를 제공하는 4주 혹은 8주 프로그램이며 주 3회 배송된다. 따라서 4주 식단을 구매한 고객의 경우 총 12번의 배송을 받게 된다. 회사는 한 사람에게 밀키트를 12번 배송했으니 당연히 구독이라고 생각했다. 하지만 4주 식단 구매자의 재구매율이 20% 미만이므로 성공적인 구독경제 모델이라 하기는 어렵다. 아마도 '일회성 기간 구매'라고 정의하는 것이 더 정확한 표현이 될 것이다.

넷째, 환자의 라이프사이클 전체를 포괄할 수 있는 대책이 부족했다. 1년 365일 밀키트를 요리해서 먹을 수 있는 것이 아니다. 조리가 어려운 경우에 대비한 대책이 있어야 했다.

다섯째, 질환자뿐만 아니라 질환의 예방을 기대하는 고객도 고객이다. 중년 고객에게 대사증후군과 고혈압 당뇨 걱정은 일상이다. 그들에게 식이요법은 질환의 치료나 관리가 아니라 삶의 질을 유지하기 위한 예방 활동이다.

이러한 문제 인식을 바탕으로 비즈니스 모델 재편이 설계되었다.

1. 비즈니스 모델의 재정의

'식이요법 구독서비스 제공자'라는 기존의 정의를 '식이요법 큐레이터'로 확대 적용했다.

2. 타깃 고객군 확장과 리포지셔닝

	이전	이후
포지셔닝	닥터키친은 특정 질환의 식이요법을 원하는 고객에게 맞있고 효과 있는 식이요법 대안을 구독 형태로 제공한다.	닥터키친은 건강한 식이 관리를 원하는 고객에게 지속가능하고 신뢰할 수 있는 케어푸드 대안을 제시하는 식이요법 큐레이터 브랜드다.
타깃 고객	특정 질환자	특정 질환자와 가족 질병 예방 관심 고객

3. 사업군의 다변화

① 배송 및 보관 측면의 포트폴리오 확대

: 냉장, 냉동, 실온 제품을 망라하는 제품 포트폴리오 구성

② 조리 및 취식 방법에 따른 포트폴리오의 다양화

: 고객이 직접조리하는 제품 RTC, Ready-to-cook 예) 밀키트

: 전자레인지나 중탕으로 데워 먹는 제품 RTH, Ready-to-heat
  예) 냉동도시락

: 바로 개봉하여 마실 수 있는 음료 RTD, Ready-to-drink

: 바로 먹을 수 있는 제품 **RTE, Ready-to-eat**

③ 야식 및 간식 제품 추가

: 냉동 안주, 냉동 케이크, 건조스낵

④ 쌀, 육류등 식자재 사업 추가

: '바로그쌀' '부쉐리랩'

⑤ 식음료**F&B** 사업 진출

: 건강도시락 매장 '비스포킷'

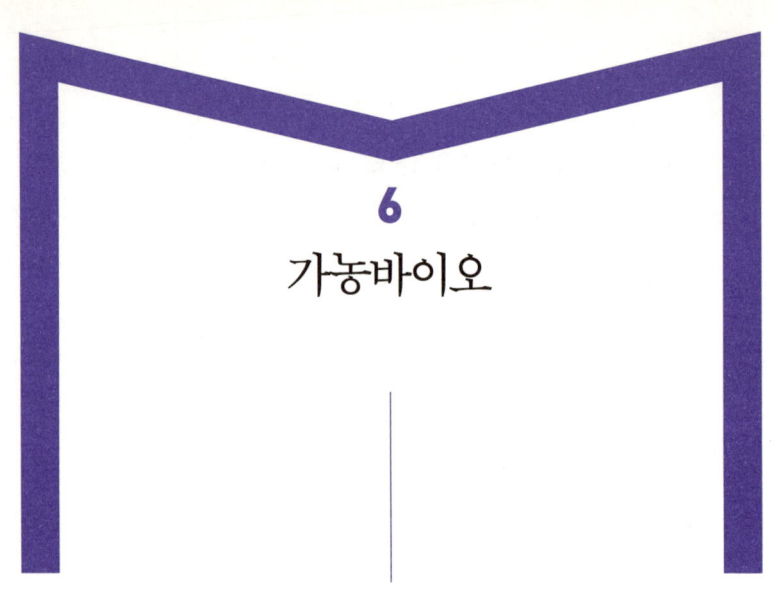

6
가농바이오

가농바이오는 국내 최대 규모의 산란계 농장을 소유한 기업이다. 온도, 습도, 조광 조절 시스템을 완비한 스마트팜으로 자동 집란, 선별, 검수 시스템을 갖추고 있다. 약 120만 마리의 산란계를 키우는 가산 농장은 1일 약 90만 알을 생산한다. 국내 최초 식용란 수집판매업 HACCP 인증, 액란업계 HACCP 인증을 받았으며 외부 오염이 완전히 차단되는 세계 최고 수준의 방역 시스템을 갖추고 있어서 농장 설립 이래 단 한 차례도 조류독감에 노출된 예가 없다. 그러나 시장의 수요와 공급에 좌우되는 농축산 산업의 성격상 사업적인 안정성이 많이 떨어져 어려움을 겪어왔다.

통계청의 자료에 따르면 2021년 3월 기준 산란계 농장은 941개, 사육두수는 7,000만 마리이며 국내 1일 계란 유통량은 업계 추산 4,600만 개 정도로 알려져 있다. 그런데 계란 같은 농축산물은 생산자 숫자는 많고 판매 채널은 소수이기 때문에 유통 파워가 막강하다. 게다가 거의 매일 산란하는 닭의 특성상 생산량을 조절하는 것이 불가능한 반면 유통기간은 한계가 있으므로 생산자의 유통 종속은 더 심해진다. 브랜드 파워 측면에서는 산란계 농장이 아니라 신선식품을 공급하는 대기업이 주도권을 가지고 있다. 모기업브랜드의 후광효과를 받는 CJ와 풀무원은 계약 농장에서 계란을 받아 유통하지만 브랜드 파워와 소매가격 면에서 생산 농장보다 훨씬 우위에 있다. 따라서 유통채널에 휘둘리고 브랜드 파워도 없는 산란계 농장은 가격 경쟁의 늪에 빠질 수밖에 없다.

스마트팜의 마케팅 혁신 전략

가농바이오는 유통이 주도하던 게임의 룰을 극복하고 고객 애호도가 높은 자체 브랜드 구축을 목표로 '온라인 유통 확대, 유통 독립성 확보, 자체 브랜드 확립, 제품 포트폴리오 재편'이라는 4대 과제를 선정했다.

1. 온라인 유통 확대

전 산업에 걸쳐 온라인 유통의 성장은 대세다. 2021년 12월 12일 발표된 농촌경제연구원의 「2021 식품소비행태조사」 결과를 보면 이러한 추세를 팩트로 확인할 수 있다.

① 주 1회 이상 온라인으로 식품을 구매하는 가구 비율은 2019년 4.9퍼센트에서 2021년 15.7퍼센트로 2년 만에 3배 성장
② 코로나 종식 이후에도 온라인 구입을 현재 수준과 동일하게 유지할 것이라는 응답 79.1퍼센트
③ 계란을 온라인으로 주문한 경험은 2019년 5.4퍼센트에서 2021년 16.3퍼센트로 급격히 증가.

조사결과가 보여주듯이 빠른 성장 속도와 향후 지속 가능성 측면에서 계란의 온라인 유통 확대는 지속될 것이라고 예상된다. 따라서 가농바이오는 판매채널의 포트폴리오 구성에서 온라인 비중을 대폭 확대하기로 결정했다.

2. 유통 독립성 확보 – D2C 비즈니스 진출

유통의 구조적 한계를 극복하기 위해서 D2C 채널 구축을 실행에 옮겼다. 먼저 모바일 앱을 포함한 자체 쇼핑몰 '가농 에그샵'을 오픈했다. 생산에서 배송까지 원스톱 서비스가 가능한 장점을 살려 '24시간 이내에 농장에서 식탁까지 배송되는 초신선 계란'을 고유 판매 제안USP으로 내세웠다. 초신선 계란 콘셉트의 구현을 위해 1년 365일 주문이 가능하도록 했으며 주문 마감 시간도 오후 8시로 연장하였다. 이를 위해 로지스틱스 시스템도 전면적으로 개혁하였다.

3. 자체 브랜드 구축 - 난각마킹

계란의 경우 외관만으로는 고객이 제품의 품질이나 가치를 판단하기 어렵다. 따라서 각종 인증 마크, 수상 경력, 사육환경번호나 영양성분 등의 표기 사항과 같은 '기호'가 필요하다. 가농바이오는 HACCP 인증과 무항생제 인증과 같은 각종 품질 관련 마크를 쓸 수 있지만 이러한 내용을 표시할 곳은 계란의 포장박스 외부밖에 없었다. 하지만 포장재(슬리브)의 좁은 공간에 인쇄된 여러 마크는 가독성이 떨어지며 계란을 꺼내고 나면 이마저 시야에서 사라진다.

이런 태생적 한계를 극복하기 위해 가농은 자체 인증 마크 'GB'를 계란 난각에 직접 찍기로 했다. 'GB'는 '가농의 최상품 계란 Ganong's Best Egg'이라는 뜻으로서 계란의 품질을 가농바이오가 직접 보증한다는 생산자 실명제 선언이다. 난각 마킹을 위해서 자동 선별 포장라인에 별도 인쇄 설비를 추가했다. 겉포장에만 표기되던 계란 브랜드와 품질 표시가 낱개 계란의 단위까지 확대되어 더 책임감 있게 고객에게 다가갈 수 있게 된 것이다.

4. 제품 포트폴리오 재편 - 가공제품 확대

생계란보다 수요 변동의 영향을 덜 받는 가공란의 확대를 결정했다. 단순 열가공품인 구운계란과 반숙계란은 물론 간편하게 데워먹을 수 있는 파우치 타입 '단백이 에그 프로틴'과 '수비드 계란 모닝 에그'도 출시했다. 신제품 개발 능력 향상을 위한 투자 증대 계획도 실천에 옮겨졌다.

에필로그

승패는 주도권을 가진 자가 결정한다

약자라고 해서 반드시 강자를 두려워하거나 선망할 이유는 없다. 그 두려움과 선망이 약자를 더 확실하게 약자로 만든다. 강자의 예상과 다르게 반응하는 약자는 강자를 불안하게 한다. 대종상과 청룡영화상을 휩쓸었던 2011년 김한민 감독의 영화 「최종병기 활」에서 주인공 남이는 포로로 잡혀간 누이를 구하기 위해 단신으로 청군을 공격한다. 누이를 인질로 잡은 청의 장수 쥬신타와 대치한 남이는 바람을 무시한 채 활을 당기며 읊조린다. "두려움은 직시하면 그뿐. 바람은 계산하는 것이 아니라 극복하는 것이다."[106] 약자라고 겁부터 먹지 말자. 두려워해봐야 달라질 게 없다.

미국의 정치 드라마 「지정생존자」는 테러로 미합중국 대통령을 비롯해 연방 행정부와 국회의 모든 인사가 사망한 상황에서 시작한다. 미국의 지정생존자 제도에 의해 최하위 내각 각료였던 주택도시개발부 장관 톰 커크먼이 대통령직을 승계한다. 정치적 지지 세력이 없는 대통령에게 군부의 수장인 4성 장군 해리스 커크레인이 거들먹거리며 훈계한다. "주방에 뱀이 들어오면 저녁 초대를 하는 것이 아니라 목을 쳐야 합니다." 이를 듣고 있던 대통령은 단호하게 이야기한다. "장군, 여기는 내 주방입니다. 당신을 해고합니다." 권위에 도전을 받은 대통령이 군부를 장악하는 순간이다. 장군의 논리에 동조하는 대신 자신이 주도권을 쥐고 있음을 명확히 함으로써 대통령은 약자를 벗어났다.

약자는 강자가 유도하는 싸움에 말리면 안 된다. 승패는 주도권을 가진 자가 결정한다. 자신이 주도적으로 미래를 변혁할 수 있다는 믿음과 약자라는 이유로 위축되지 않는 용기는 약자를 강자로 바꾼다. 약자의 위치에서 승리를 기획하는 마케터는 자신의 사고와 행동을 승리에 적합하도록 연마하고 단련해야 한다.

성공한 타인의 과거를 무작정 따라 하는 것 역시 재현되지 않을 과거의 반복일 뿐이다. 성공한 남의 스토리는 달콤하다. 그러나 타인의 성공 공식이 나에게는 더 큰 좌절로 돌아올 수도 있다는 것을 인정하는 것은 지혜다. 승리를 꿈꾼다면 과거에 대한 집착과 성공한 기업에 대한 선망이 아니라 미래의 자신에게 적합한 전략을 찾아내야 한다. 승리는 절실하게 구하는 자의 것이다. 자신감을 가져라. 새들은 본디 날 수 있도록 창조되었다.[107]

참고문헌

1. Michael E. Porter(1996), "What is strategy?", Harvard Business Review, Nov-Dec 1996, pp.61-73: 마이클 포터, 차별화로 핵심역량을 높이는 경영전략 HBR's 10 Must Read - On Strategy, 매일경제신문사(2018), 오재헌·김재진 옮김

2. 피터 F. 드러커, 『성과를 향한 도전』, 위정현 옮김, 간디서원, 2010

3. 게리 해멀, 『꿀벌과 게릴라』, 이동현 옮김, 세종서적, 2015

4. 말콤 글래드웰, 『아웃라이어』(성공의 기회를 발견한 사람들, 10주년 리커버리 에디션), 노정태 옮김, 김영사, 2019

5. 오쇼 라즈니쉬, 『배꼽』, 박상준 엮음, 도서출판 장원, 1991

6. 게리 클라인, 『통찰, 평범에서 비범으로 Seeing what others don't』, 김창준 옮김, 알키(시공사), 2015

7. 자오위펑, 『자기통제의 승부사 사마의』, 박찬철 옮김, 위즈덤하우스, 2019

8. 『손무자직해孫武子直解』, 동양고전종합 DB, db.cyberseodang.or.kr. 不可勝在己 可勝在敵을 '싸움에서 내가 진다면 그 원인은 나에게 있고, 내가 이긴다면 그 원인은 상대방에게 있다'로 해석하기도 한다.

9. "兵者는 詭道也라. 故로 能而示之不能하고, 用而示之不用하며, 近而示之遠하고, 遠而示之近하며, 利而誘之하고, 亂而取之하며, 實而備之하고, 強而避之하며, 怒而撓之하고, 卑而驕之하며, 佚而勞之하고, 親而離之하며, 攻其無備하고, 出其不意하나니 此는 兵家之勝이라. 不可先傳也니라."

10. 조희순, 『손자수孫子髓』「제1편 시계始計」, 동양고전 종합DB db.cyberseodang.or.kr

11. Richard L. Oliver(1999), "Whence consumer loyalty?", Journal of marketing Vol 63(Special Issue 1999), pp. 33-44

12. 신영식·차경천(2011), '제휴카드 할인 프로그램이 외식업의 수익성에 미치는 영향', 한국마케팅학회, AMJ(Asia Marketing Journal), 제12권 제4호, pp. 55-78

13. 한비, 『한비자韓非子』, 김원중 옮김, 글항아리, 2015

14. Heraclitus of Ephesus, "No man ever steps in the same river twice, for it's not the same river and he's not the same one", Googlereads.com/Quotes

15. Pablo Picasso, "Success is dangerous. One begins to copy oneself, and to copy oneself is more dangerous than to copy others. It leads to sterility.", https://www.brainyquote.com

16. 김종식·박민재,『디지털 트랜스포메이션 전략』, 지식플랫폼, 2019

17. Kevin Lane Keller, Philip Kotler, "Holistic Marketing: A broad, integrated perspective to marketing management,": Jagdish N. Sheth, Rajendra S. Sisodia,『Does Marketing Need Reform? Fresh Perspectives on the Future』, M. E. Sharpe 2006

18. 김도훈, 문태훈, 김동환,『시스템 다이내믹스』, 대영문화사, 2001

19. O. Gassmann, K. Frankenberger, M. Csik, "The St. Gallen business model navigator", working paper, University of St. Gallen

20. Barbara B. Stern(1994), "Classical and vignette television advertising dramas: Structural models, formal analysis, and consumer effects," Journal of Consumer Research, 20 (march), pp. 601-615

21. Jennifer E. Escalas, Barbara B. Stern(2003), "Sympathy and Empathy: Emotional response to advertising dramas", Journal of Consumer Research, 29(march), pp. 566-578

22. 이종명·이경은·나운봉(2020), "소비자의 심리적 열광 반응과정으로서의 공감과 동감의 역할에 대한 연구 : 한국 대중음악을 중심으로", 광고학연구, 26권 2호, pp. 361-391

23. Daniel Goleman(2013), "The focused leader", Harvard Business Review Dec 2013, pp. 50-91

24. 최낙환·임아영(2009), "영화의 태도에 영향을 미치는 동감과 감정이입의 드라마적 요인에 관한 연구", 소비자학연구, 20권 3호, pp.243-271

25. '포지셔닝', 우리말샘, 국립국어원 https://opendict.korean.go.kr/dictionary/view?sense_no=805328&viewType=confirm

26. Al Ries and Jack Trout,『Positioning: The battle for your mind』, New York: McGrawHill, 1981

27. 이위공문대(唐太宗 李衞公問對) : 무경7서(武經七書)의 하나. 이 책은 당태종 이세민(唐太宗 李世民)과 이위공 이정(李衞公 李靖)이 병법과 병법가, 혹은 장군이나 재상에 관해 대화를 나누는 독특한 형식으로 구성되어 있다.

28. 신영식(2018), "당나라 장군 이정, 포지셔닝을 말하다", 연경포럼 Vol 122 (2018 신년호), 40-41

29. 마스다 무네아키, 『지적자본론』, 이정환 옮김, 민음사, 2019

30. Coca-Cola Journey, 코카콜라코리아, https://www.coca-colajourney.co.kr/brands/coca-cola

31. 대학내일연구소, 『트렌드 MZ 2019』, 한빛비즈, 2018

32. 구로사와 아키라くろさわあきら. 영화감독. 1990년 아카데미 시상식 공로상, 1980년 칸 영화제 황금종려상, 1965년 베니스 영화제 황금사자상 수상.

33. D.K. Simonton(2012), "Taking the US patent office criteria seriously: A quantitative three-criterion definition and its implications", Creativity Research Journal, 24, pp.97-106

34. 제임스 카우프만, 『창의성 101Creativity 101』, 김정희 옮김, 시그마프레스, 2017

35. J. A. Plucker, R. A. Beghetto, G. T. Dow(2004), "Why isn't creativity more important to educational psychologists? Potentials, pitfalls, and future directions in creativity research", Educational psychologist,39(2), pp.83-96

    "Creativity is the interaction among aptitude, process, and environment by which an individual or group produces a perceptible product that is both novel and useful as defined within a social context."

36. James Andrews Beard (May 5, 1903-January 23, 1985), https://en.wikipedia.org/wiki/James_Beard

37. 강성호·허원무·박경도(2014), "성공적 신제품의 개발을 위한 신제품 창의성의 원천과 역할에 관한 연구", 마케팅 관리 연구 Vol 19 No4, pp. 123-147

38. Robert J. Sternberg, James C. Kaufman, Jean E. Pretz, 『The creativity conundrum: a propulsion model of kinds of creative contributions』, Psychology press, 2002

39. 로버트 루트번스타인·미셸 루트번스타인, 『생각의 탄생Spark of Genius』, 박종성 옮김, 에코의서재, 2007

40. Dictionary by Merriam-Webster, https://www.merriam-webster.com

41. T.C. Powell(1992), "Organizational alignment as competitive advantage", Strategic Management Journal Vol.13(2), pp. 119-134

42. Wikipedia, "Operation Eagle Claw" https://en.wikipedia.org/wiki/Operation_Eagle_Claw

43. USSOCOM, United States Special Operation Command, https://www.socom.mil/

44. Jonathan Trever and Barry Varcoe, "How aligned is your organization", HBR, Feb 2017

45. G. L. Nielson, K. L. Martin, E. Powers(2008), "The secrets to successful strategy execution", Harvard Business Review 86(6) pp. 60-70

46. M. Reeves, C. Love, P. Tillmanns(2012), "Your strategy needs a strategy", Harvard Business Review Sep 2012, pp. 76-83

47. 알 리스·잭 트라우트, 『마케팅 전쟁』, 안진환 옮김, 비즈니스북스, 2018

48. F. F. Suarez, J. Kirtley(2012), "Dethroning an established platform", SMR Sloan Management Review 53(4), pp. 35-41

49. 황창규, 강시철(1999), "유인효과 선택 상표군에서의 범위효과에 관한 연구-지배된 대안의 범위확장 정도에 따른 효과의 비교분석", 광고연구 43호, pp. 115-142

50. A. Tversky, I. Simonson(1993), "Context-Dependent Preferences", Management Science, 39(10), pp. 1179-1189

51. 원지성(2014), "행동경제학에 기초한 포지셔닝 개념 분석", 상품학 연구 32(5), pp. 157-177

52. M. C. Mankins, R. Steele(2005), "Turning great strategy into great performance", Harvard Business Review 83(7), pp. 64-72

53. Constantinos Markides(1997), "Strategic innovation", SMR Sloan Management Review, 38(3), pp. 9-23

54. 신시아 A. 몽고메리, 『당신은 전략가입니까The strategist』, 이현주 옮김, 리

더스북, 2019

55. 신영식, "약자의 전략", 융합경영리뷰, 2019. 10. no 4. pp. 26-29

56. 레드불 홈페이지, https://www.redbull.com

57. 삼진어묵소개, 삼진어묵 공식쇼핑몰, 2020.09.25 https://www.samjinfood.com/service/company.php

58. 강주일, "어묵계의 스티브잡스 삼진어묵 대표 '매출 1000억까지 미친놈 소리 들어'", 스포츠경향, 2020.09.18 http://sports.khan.co.kr/entertainment/sk_index.html?art_id=202009180942003&sec_id=540201&pt=nv

59. 김대호, "김장철 맞아 전자동 김장독 불티", 연합뉴스, 1995. 11. 27, https://news.naver.com/main/read.nhn?mode=LSD&mid=sec&sid1=101&oid=001&aid=0004003273

60. 이혜림, "최초의 김치 냉장고 '딤채' 아녜요", 아주경제, 2012. 11. 11, http://www.ajunews.com/common/redirect.jsp?newsId=20121111000199

61. 이태호, "무학, 16.9도 소주 '좋은데이' 출시", 이데일리, 2006. 11. 08, https://www.edaily.co.kr/news/read?newsId=01971286580043752&mediaCodeNo=257&OutLnkChk=Y

62. 한지명, "소주시장, 16.9도로 통합 … 저도주 놓고 '순한 전쟁'", 뉴데일리, 2020. 05. 11 http://biz.newdaily.co.kr/site/data/html/2020/05/11/2020051100085.html.

63. 이태호, "소주 TV광고, 20여 년 만에 부활", 이데일리 2006. 11. 20, https://www.edaily.co.kr/news/read?newsId=01882726580047688&mediaCodeNo=257

64. 국민건강증진법 시행령(시행 2020. 3. 17)(대통령령 제 30535호, 2020. 3. 17 일부개정) 10조 2항, (별표 1) 광고의 기준, 국가법령정보센터, http://www.law.go.kr/lsInfoP.do?lsiSeq=215609#AJAX

65. 위키백과, "트렉스타", https://ko.wikipedia.org/wiki/%ED%8A%B8%EB%A0%89%EC%8A%A4%ED%83%80

66. Ernesto 'Che' Guevara, 『Guerrilla Warfare』, Monthly Review Press, 1961

67. "클라라 시구 의상, '치마레깅스에서 치마를 빠트렸나' 민망", MBN 2013. 05. 04

68. 남정미, "소개팅에 레깅스 입고 가도 되나요", 조선일보, 2020. 07. 04

69. 신재희, "브랜드엑스코퍼레이션 '국민피티' 곧 출시, 강민준 '메타버스 홈트' 가나", 비즈니스포스트, 2022. 02. 28 https://www.businesspost.co.kr/BP?command=article_view&num=273040

70. 박해영, "D2C 기업 작년 실적, 희비 교차", 어패럴뉴스, 2022.04.26. http://www.apparelnews.co.kr/news/news_view/?idx=197273

71. 신영식·차경천(2013), "Brand Revitalization by Strategic Repositioning: A Case Study of Korando Sports", AMJ (Asia Marketing Journal), Vol 14. No 4, pp. 1-22

72. 김자영, "쌍용차, 일주일 만에 코란도투리스모 1500대 판매", 이데일리. 2013.02.14. https://www.edaily.co.kr/news/read?newsId=02259926602710520&mediaCodeNo=257

73. 이우탁, "위스키 선물세트 벌써 다 팔렸다", 연합뉴스 1999.09.17. http://news.naver.com/main/read.nhn?mode=LSD&mid=sec&sid1=001&oid=001&aid=0004455495

74. 불닭볶음면/브랜드, 삼양식품 홈페이지https://www.samyangfoods.com/kor/brand/spicyRamen.do

75. 정병묵, ""불닭볶음면" 대박난 삼양식품 30년 만에 새 공장 돌린다." 이데일리, 2022.05.02 https://www.edaily.co.kr/news/read?newsId=03470246632324984&mediaCodeNo=257&OutLnkChk=Y

76. 나무위키, "타다(서비스)", 2020.08.31, https://namu.wiki/w/%ED%83%80%EB%8B%A4(%EC%84%9C%EB%B9%84%EC%8A%A4)?from=%ED%83%80%EB%8B%A4%28TADA%29

77. 이미연, "코로나19 사태후 매출 훌쩍 뛴 '토종 수산물 온라인 몰', 비결이", 매일경제, 2020. 05. 09, https://www.mk.co.kr/news/business/view/2020/05/474886

78. 홍정명, "거제 '얌테이블' 수도권 펀드 자금 340억원 유치 성공", 뉴시스, 2022.05.30., https://newsis.com/view/?id=NISX20220530_0001891208&cID=10812&pID=10800#

79. 김주리, "'진격의 무신사'... 1년새 몸값 두배된 이유", 뉴스토마토, 2022. 07. 07, https://www.newstomato.com/ReadNews.aspx?no=1133529&inflow=N

80. 최인철, 『나를 바꾸는 심리학의 지혜- 프레임』, 21세기북스, 2007

81. 토머스 길로비치·리 로스, 『이 방에서 가장 지혜로운 사람』, 이경식 옮김, 한국경제신문, 2018.

82. 조너선 하이트, 『명품을 코에 감은 코끼리 행복을 찾아 나서다』, 권오열 옮김, 물푸레, 2010

83. 김미리, "보고서 치장은 그만, 글로 써라… '제로 PPT' 선언하는 기업들", 조선일보, 2019. 04. 06, https://www.chosun.com/site/data/html_dir/2019/04/05/2019040501902.html

84. 두산백과/네이버 지식백과, "파워포인트", https://terms.naver.com/entry.nhn?cid=40942&docId=1224889&categoryId=32837

85. 영화 「정직한 후보」(2019)

86. 조재현, "GM 기술의 결정판 '신형 말리부'…'작지만 강한 심장'", 뉴스1, 2018.12.02, http://news1.kr/articles/?3490395

87. 권녕찬, "다운사이징의 마법 '더 뉴 말리부 1.35L E-터보'", EBN, 2019. 03. 14, http://www.ebn.co.kr/news/view/976504

88. 조강욱, "빕스 새 광고 '내 메뉴는 내가 만든다'", 아시아경제 2009. 07. 17, http://www.asiae.co.kr/news/view.htm?idxno=2009071709424121417,

    "내 메뉴는 내가 만든다'라는 주제로 진행되는 이번 광고에서는 가요 순위 프로그램을 차용, 각 모델들이 직접 만든 메뉴에 순위를 매긴 '빕스 차트'를 발표하게 된다. 또 순위별로 선보이는 메뉴에 새롭고 재미있는 메뉴명까지 붙여 코믹하게 선보일 예정이다. 특히 빕스는 틀에 박힌 것을 싫어하고 자기만의 독특한 스타일을 추구하는 신세대 여성들을 겨냥해 박예진, 이연희, 이윤지, 신세경, 박신혜 등 트렌디한 20대를 대표하는 여자 연예인들을 이번 광고모델로 선정했다. 또한 이들 중앙대학교 동문 광고모델 5명은 이번 '빕스' 광고를 통해 받은 모델료 전액을 중앙대학교 발전기금으로 기부해 그 의미를 더 하고 있다."

89. "학철부어涸轍鮒": 수레바퀴 자국의 고인물에 있는 붕어라는 뜻으로, 몹시 곤궁困窮하거나 위급危急한 처지處地에 있는 사람을 비유譬喩해 이르는 말", 莊子 雜編 第26篇 外物篇 第2章, db.cyberseodang.or.kr, 동양고전종합 DB

90. The Agile Manifesto was written in 2001 by seventeen independent-minded software practitioners. While the participants didn't often agree, they did find consensus around four core values. https://www.

agilealliance.org/agile101/the-agile-manifesto

91. 스티븐 데닝·게리 해멀, 『애자일, 민첩하고 유연한 조직의 비밀』, 박설영 옮김, 어크로스, 2019

92. Michelle Accarde-Petersen, 『Agile marketing』, Apress, 2011

93. 린다 힐·그래그 브랜도·에밀리 트루러브·켄트 라인백, 『혁신의 설계자 Collective Genius』, 이은주 옮김, 북스톤, 2016

94. Gitika Gera, Bhavna Gera, Akash Mishra (2017),"Role of agile marketing in the present era", IJTRS(International Journal of Technical Research & Science) vol IV Issue V, May 2019

95. Jim Ewel(2013), "Getting started with agile marketing", https://www.agilemarketing.net

96. "굴뚝을 구불구불하게 하고 아궁이 근처의 땔감을 옮기도록 충고한 사람에게는 아무런 대가가 없고, (불을 끄느라) 머리를 데고 이마를 그을린 사람만 큰 손님으로 모시더라曲突徙薪無恩澤 焦頭爛額爲上客.", 『한서열전(漢書列傳)』「곽광(霍)」

97. Frank H. Knight, 『Risk, Uncertainty, and Profit』,Boston, MA: Hart,Schaffner & Marx: Houghton Mifflin Co. 1921

98. 윤기영·김숙경·박가람, 『디지털 트랜스포메이션을 위한 비즈니스 모델링』, 박영사, 2019

99. 이방실(2015), "2030 취향대로 만든 가솔린 SUV '쌍용차스럽지 않은 차'로 홈런쳤다", DBR(동아 비즈니스 리뷰) 191(2), pp. 26-34

100. 최윤신, "티볼리, '가성비 끝판왕'", 머니S, 2015. 01. 24, http://moneys.mt.co.kr/news/mwView.php?type=1&no=2015012223298053409&outlink=1

101. 온라인이슈팀, "쌍용차, 3년간 야심차게 준비한 신차 '티볼리'…BMW미니 잡을까", 아시아경제, 2014. 11. 25, http://view.asiae.co.kr/news/view.htm?idxno=2014112516053148509

102. Giles Smith, "My last hope for dross, dashed", The Sunday Times, 2015.06.21, https://www.thetimes.co.uk/article/my-last-hope-for-dross-dashed-x0dp835s0l8; https://www.driving.co.uk/car-reviews/first-drive-review-ssangyong-tivoli-2015

103. 강은태, "쌍용차 티볼리, 30개월째 소형 SUV 시장 '1위 독주'", NSP통신, 2017.07.27, http://www.nspna.com/news/?mode=view&newsid=233858

104. 오상헌, "쌍용차, '티볼리 에어'출격… 1949만~2449만 원", 머니투데이, 2016. 03. 08, https://news.naver.com/main/read.nhn?mode=LSD&mid=sec&sid1=103&oid=008&aid=0003643453

105. 이범희, '소형 SUV시장 1위 석권 '티볼리' 브랜드 티볼리-세이프티 에지로 소형 SUV 시장 주도권 강화', 일요서울, 2016. 10. 26, http://www.ilyoseoul.co.kr/news/articleView.html?idxno=150078

106. 김한민 감독, 영화「최종병기 활」, 2011

107. 윌리엄 폴 영, 『오두막The Shack』, 한은경 옮김, 세계사, 2017

신영식의 약자를 위한 마케팅 사용설명서

초판 1쇄 인쇄 2022년 10월 7일
초판 1쇄 발행 2022년 10월 14일

지은이 신영식
펴낸이 안현주

기획 류재운 **편집** 안선영 **마케팅** 안현영
디자인 표지 최승협 본문 장덕종

펴낸곳 클라우드나인 **출판등록** 2013년 12월 12일(제2013-101호)
주소 우) 03993 서울시 마포구 월드컵북로 4길 82(동교동) 신흥빌딩 3층
전화 02-332-8939 **팩스** 02-6008-8938
이메일 c9book@naver.com

값 17,000원
ISBN 979-11-91334-87-6 03320

* 잘못 만들어진 책은 구입하신 곳에서 교환해드립니다.
* 이 책의 전부 또는 일부 내용을 재사용하려면 사전에 저작권자와 클라우드나인의 동의를 받아야 합니다.
* 클라우드나인에서는 독자 여러분의 원고를 기다리고 있습니다.
  출간을 원하시는 분은 원고를 bookmuseum@naver.com으로 보내주세요.
* 클라우드나인은 구름 중 가장 높은 구름인 9번 구름을 뜻합니다. 새들이 깃털로 하늘을 나는 것처럼 인간은 깃펜으로 쓴 글자에 의해 천상에 오를 것입니다.